# Erwachsen werden

# ERWACHSEN WERDEN

Achtsamkeit und Wertebewusstsein

Klaus W. Vopel

iskopress

Klaus W. Vopel: Erwachsen werden
ISBN 978-3-89403-461-0
1. Aufl. 2018

Internet: www.iskopress.de

Covergestaltung: Mathias Hütter, Schwäbisch Gmünd
Druck und Bindung: Strauss GmbH, Mörlenbach

**Bibliografische Information der Deutschen Bibliothek**
Die Deutsche Bibliothek verzeichnet diese Publikation
in der Deutschen Nationalbibliografie;
detaillierte bibliografische Daten sind im Internet
über http://dnb.ddb.de abrufbar.

# Inhalt

# Einleitung

## I. NEUROLOGIE DER ADOLESZENZ

Jugendliche und junge Erwachsene sind für Eltern, Pädagogen und Therapeuten oftmals faszinierend und noch öfter irritierend. Sie sind wohl die am meisten missverstandene Altersgruppe, da sie viele widersprüchliche Verhaltensweisen zeigen. Sie sind manchmal angepasst, immer wieder rebellisch, häufig narzisstisch und dann wieder altruistisch und aufopfernd. Wie ist dieses chaotisch wirkende Erscheinungsbild zu erklären? Nach vielen Irrungen und Wirrungen in der Wissenschaft verstehen wir diese Widersprüche heute besser. Erst in der Adoleszenz wird unser Stirnhirn, der frontale Kortex, Schritt für Schritt aufgebaut. Alle anderen Systeme, das limbische, das autonome und das endokrine System sind bereits voll funktionsfähig, während unser wichtigstes Kontrollorgan in der Adoleszenz in einem Zeitraum von ungefähr zehn Jahren Schritt für Schritt neu entwickelt wird. Diese späte Reifung erklärt, warum Jugendliche oft so schwierig sind, so genial, so impulsiv, so inspirierend, so destruktiv, so selbstschädigend, so selbstlos, so selbstsüchtig, so unangepasst und so revolutionär. Das erklärt auch, weshalb die Adoleszenz und das frühe Erwachsenenalter die Lebensphasen sind, in der die Gefahr besonders groß ist, dass es zu Unglücksfällen kommt. In dieser Zeitspanne nehmen viele junge Menschen Drogen oder schließen labile Ehen, während andere in der Wissenschaft neue Akzente setzen, die Mode neu erfinden, sich in waghalsige Abenteuer stürzen oder ihr Leben in den Dienst am Nächsten stellen. Dies ist die Zeit, in der junge Menschen die größten Risiken eingehen, immer auf der Suche nach dem Neuen und in engem Kontakt mit den Gleichaltrigen. Dieses unruhige Erscheinungsbild ist die Folge eines unfertigen, frontalen Kortex.

Immer wieder wurde die Frage gestellt, ob es so etwas wie die Adoleszenz tatsächlich gibt. Vielleicht ist sie ja ein kulturelles Konstrukt des Westens, bedingt durch bessere Ernährung und moderne Ausbildungssysteme. Diese Frage ist von der Neurobiologie abschließend beantwortet worden. Unser Gehirn entwickelt sich in dieser Lebensphase auf eine überraschende Weise und passt sich den Lebensumständen elastisch an. Allerdings ist es richtig, dass die Adoleszenz in der westlichen Kultur am längsten andauert.

## Die Reifung unseres Stirnhirns

Zu Beginn der Adoleszenz hat unser Gehirn eine große Masse an grauer Substanz. In der folgenden Dekade werden jedoch zahlreiche Neuronen und Dendriten aussortiert. Das Gehirn wird also vorübergehend verkleinert. Im frontalen Kortex macht sich die Verkleinerung dadurch bemerkbar, dass die interne Kommunikation schwieriger wird, dass die Kooperation der verschiedenen Bereiche leidet. Zudem gewinnen die stärker werdenden Sexualhormone zunehmend an Einfluss

Nach der Reduzierung erfolgt der Wiederaufbau des Neocortex, das Kurzzeitgedächtnis wird leistungsstärker, die Regulierung der Gefühle wird schrittweise verbessert und die kognitiven Regeln werden flexibler eingesetzt.

Ältere Teenager erleben ihre Gefühle intensiver als Kinder oder Erwachsene. Sie reagieren auch stärker auf fremde Gefühle. Gleichzeitig verbessern sich langsam Urteilskraft und die Fähigkeit zu logischem Denken. Allmählich werden die eigenen Gefühle besser geordnet und stabiler. Der Neocortex sorgt dafür, dass die Gefühle stärker gefiltert und gelenkt werden.

## Risikobereitschaft

Im Vergleich zu Erwachsenen verläuft die Risikoüberprüfung der Jugendlichen weniger gründlich und intensiv. Es scheint so zu sein, dass Warnungen vor Gefahren und Risiken schnell vom Tisch gewischt werden. Das erklärt das Interesse vieler Jugendlicher an gefährlichen Sportarten und ihre Anfälligkeit für Glücksspiele.

Die Risikobereitschaft junger Menschen wird zudem geprägt durch ihre Neugier und Faszination durch alles, was neu ist. Der Hunger nach Neuem ist ein Leitmotiv der Adoleszenz.

Natürlich gibt es immer wieder Jugendliche, die auf vielen Gebieten Risiken vernünftig einschätzen können. Trotzdem müssen wir feststellen, dass auch Jugendliche mit hohem Intelligenzquotienten plötzlich unlogisch und unüberlegt handeln und sich und andere in Gefahr bringen. Unüberlegtes Handeln wird dann besonders akut, wenn die Jugendlichen in einer Gruppe mit ihresgleichen zusammen sind. Sie bestätigen sich dann oft gegenseitig in einer Art Gruppenleichtsinn.

### Jugendliche in der Gruppe

Jugendliche orientieren sich an ihren Altersgenossen, besonders an solchen, von denen sie akzeptiert werden möchten. Die Meinung ihrer Freunde ist ihnen überaus wichtig. Hier müssen sie nicht befürchten, dass ihre Abenteuerlust gezügelt und an die Spielregeln der Erwachsenenwelt angepasst werden soll.

Warum haben Freundschaften in der Adoleszenz eine so große soziale Macht? Jugendliche sind auch in der individualistischen Kultur des Westens hungrig nach Bestätigung, nach Akzeptanz und Wertschätzung. Im Durchschnitt haben Teenager z.B. mehr als doppelt so viele Facebook-Freunde als Erwachsene. Sie legen großen Wert auf Zustimmung und sie möchten auf keinen Fall Außenseiter sein. Die Zugehörigkeit zur Welt der anderen Jugendlichen hat höchste Bedeutung. Dies erklärt die Angst der Jugendlichen, ein von der Peergroup abweichendes Verhalten zu zeigen. So steigt das Risiko, dass sie sich an Gewalttaten beteiligen, Drogen nehmen, kriminell werden, ungeschützten Sex haben oder ihre Gesundheit aufs Spiel setzen. Wer in diesem Alter Kontakt zu anderen Jugendlichen hat, die sich betrinken oder an Essstörungen leiden, der lässt sich leicht davon anstecken. Für Jugendliche ist es aus diesen Gründen zum Teil sehr schwer, die eigene Identität zu entwickeln.

### Empathie und Moral

Jugendliche sind in der Regel schnell bereit, sich mit anderen zu identifizieren. Sie lassen sich dabei von der Frage leiten: Was würde ich in dieser Situation empfinden? Viel schwieriger ist es für sie, die Frage zu beantworten: Was würde er oder sie in dieser Situation empfinden (sekundäre Empathie).

Während Kinder moralisches Verhalten unter dem Gesichtspunkt Gerechtigkeit durch Gleichheit sehen und bestrebt sind, Ressourcen gleichmäßig aufzuteilen, gehen Jugendliche differenzierter vor. Sie fragen: Welche Leistungen hat X vollbracht, die seinen Anspruch begründen können? Auch die Frage nach Gut und Böse beantworten die Jugendlichen differenzierter. Sie unterscheiden zwischen Absicht und Zufall. Wer einem anderen aus Versehen schadet, der bekommt mildernde Umstände.

**Gewalt**

Am Ende der Adoleszenz und im frühen Erwachsenenalter kommen die meisten Gewalttaten vor. Danach wird das Verhalten der Jugendlichen friedlicher. Manche Strafrichter behaupten, der wirksamste Schutz davor, gewalttätig zu werden, sei der dreißigste Geburtstag.

Was die Neigung der Jugendlichen zu Gewalt angeht, mangelt es vielen Eltern, Lehrern und Therapeuten noch an Verständnis dafür, dass die Jugendlichen mehr Unterstützung, Respekt und Sympathie brauchen. Deshalb möchte ich auf drei Risikofaktoren besonders eingehen: Kinderarmut, mediale Gewalt und Mobbing.

1. Kinderarmut

Welche spezifischen biologischen Veränderungen entstehen durch Kinderarmut? Auf welche Weise verändert frühe Not das Verhalten von Jugendlichen und jungen Erwachsenen? Der amerikanische Anthropologe Robert Sapolsky hat in seiner großen Dokumentation «Behave. The Biology of Humans at our Best and Worst» (2017) festgestellt, dass frühe Armut in vielen Fällen dazu führt, dass die betreffenden Jugendlichen und jungen Erwachsenen an Depressionen leiden, überdurchschnittlich ängstlich sind und oft der Versuchung erliegen, Drogen zu nehmen. Sie leiden häufig an einer schwachen Impulskontrolle und sind unfähig, ihre Gefühle zu regulieren. Bei einigen Jugendlichen kommt antisoziales Verhalten dazu, insbesondere Gewalt. Diese Jugendlichen gehen Beziehungen ein, in denen sich die soziale Not der eigenen Kindheit wiederholt und sie verbinden sich häufig mit einem gewalttätigen Partner. Man könnte also in Abwandlung des Songs von Frank Sinatra «Poverty gets under your skin» sagen: Wenn du arm bist, dann hast du Aussichten, in einer toxischen Umgebung aufzuwachsen, mit zahlreichen Gefahren für deine Entwicklung, mit mehr Schnapsläden als Bäckereien. Du wirst dort vergeblich eine gute Schule suchen und deine Eltern haben keine Zeit, dir vorzulesen. In deinem Viertel gibt es wenig soziales Kapital und du wächst mit geringem Selbstbewusstsein auf.

Frühe Not erhöht das Risiko späterer Depressionen. Der chronische Stress stört unsere Dopaminversorgung und macht uns unfähig zu fühlen. Die Kinder erleben einen Kontrollverlust, sie fühlen sich hilflos ausgeliefert. Und die Hilflosigkeit führt wiederum zu einer übertriebenen Verallgemeinerung: «Mein ganzes Leben wird so sein, wie dieser Augenblick, unkontrollierbar schrecklich.» Dazu kommt, dass die Not uns lehrt, schnellen Trost zu suchen, und uns empfänglich macht für Drogen, Alkohol und Gewalt.

2. Gewalt in den Medien

Was geschieht, wenn Kinder im Elternhaus Gewalt erleben, wenn sie im Krieg aufwachsen, wenn sie den gewaltsamen Tod eines nahestehenden Menschen miterleben oder wenn sie Zeuge eines Amoklaufs werden? Noch Wochen später leiden sie an Konzentrationsschwäche und einer schwachen Impulskontrolle. Und die Spätfolgen – Depressionen, Angststörungen und eigene Gewalttaten – sind ebenfalls beträchtlich. Die Statistik zeigt: Erwachsene Gewalttäter haben als Kinder oft selbst Gewalt erlebt.

Ein Sonderthema sind die Auswirkungen, die Gewaltdarstellungen in den Medien auf Kinder haben. Zahllose Studien haben die Auswirkungen analysiert, die durch Gewalt im Fernsehen, im Kino, in der Presse, in den Nachrichten oder im Internet hervorgerufen werden. Vor einigen Jahren sind die aggressiven Videospielen hinzugekommen. Zusammenfassend kann man Folgendes feststellen: Wenn ein Kind eine aggressive Sequenz in einer Reportage, einem Film oder Videospiel erlebt, dann steigt die Wahrscheinlichkeit, dass es kurze Zeit später selbst aggressiv handelt.

Vieles deutet darauf hin, dass dieser Effekt bei Mädchen sogar noch deutlicher ist als bei Jungen. Außerdem ist die schädliche Auswirkung umso stärker, je kleiner die Kinder sind und je realistischer die Gewalt dargestellt wird, besonders, wenn sie von einer heldenhaften Aura umgeben ist. All das führt dazu, dass bereits Kinder Gewalt akzeptieren und zwar in beiden Positionen, als Täter und als Opfer.

Wer als Kind in den Medien häufig Gewalt erlebt, wird als Jugendlicher oder junger Erwachsener dazu neigen, selbst gewalttätig zu werden. Die Nachwirkungen hängen von verschiedenen Faktoren ab, von der Dauer des medialen Gewalterlebnisses, von dem Ausmaß elterlicher Vernachlässigung, vom sozioökonomischen Status der Eltern, vom Gewaltpotenzial der Umgebung, dem Bildungsstand der Eltern sowie vom eigenen Intelligenzquotienten.

Allein die Darstellung von Gewalt in den Medien scheint allerdings nicht auszureichen, um gewalttätige Übergriffe von Jugendlichen auszulösen, weitere pathogene Impulse müssen hinzukommen. Am verhängnisvollsten wirkt sich mediale Gewalt bei Jugendlichen aus, die bereits auf ein Leben zurückblicken, in denen sie selbst Gewalt erlebt haben. Sie ziehen die Schlussfolgerung, dass Gewalt etwas Alltägliches ist, dass sie zum Leben dazugehört.

3. Mobbing
Wenn Kinder von Gleichaltrigen oder Älteren gequält werden, dann sind die Auswirkungen genauso gravierend wie bei häuslichem Missbrauch. Psychologische Forschungen haben ergeben, dass die Mobbingopfer häufig selbst psychiatrische Probleme haben und/oder dass sie aus einer stark belasteten Familie mit geringer sozialer und emotionaler Intelligenz stammen.

Mobber sind oftmals ängstliche und isolierte Kinder mit geringen sozialen Skills. Sie quälen ihre Opfer, weil sie selbst frustriert sind und weil sie sich auf diesem Wege Anerkennung erhoffen. Doch es gibt noch eine zweite Sorte von Mobbern. Hierbei handelt es sich um selbstbewusste, intelligente Kinder, denen jedoch die Fähigkeit zur Empathie fehlt. Sie spüren nichts, wenn ein anderer Mensch leidet, sie sind die zukünftigen Soziopathen.

Diese düsteren Bilder sollen dazu beitragen, dass wir alle genauer hinsehen und uns für die Betroffenen besonders viel Zeit nehmen. Die Erkenntnis, dass das menschliche Gehirn während der Adoleszenz wesentliche Entwicklungsschritte vollzieht und dementsprechend formbar ist, fordert uns dazu auf, besonders in dieser für viele so schwierigen Periode unterstützend einzugreifen. Wir werden erwartet, nicht als Erzieher sondern als Coach.

## II. DIE AUFGABEN DER GRUPPENLEITUNG

Im Folgenden möchte ich die wichtigsten Aufgaben bei der Leitung von Gruppen mit Jugendlichen oder jungen Erwachsenen skizzieren. Diese Altersgruppe hat durchweg eine schwierige Beziehung zur Generation der Erwachsenen. Freiheit und freie Entfaltung der eigenen Wünsche und Talente ist ein wichtiger Wert. Autoritätspersonen, die mit Vorschriften oder traditionellen Normen regulierend eingreifen wollen, haben es eher schwer. Diese jungen Menschen möchten wohlwollend und zuverlässig begleitet werden, aber sie möchten selbst herausfinden, wohin sie ihr Weg führen soll, welche Ziele sie ins Auge fassen wollen, in welchem Verhältnis Freiheit und Verantwortung stehen sollen. Das bedeutet, dass wir als LeiterIn die eigenen Person stark zurücknehmen müssen, dass wir mehr hinhören als erklären oder Lösungen anbieten müssen und dass wir ein echtes Interesse an unseren TeilnehmerInnen entwickeln.

1. Selbstwertgefühl

Am besten kommen wir mit den Jugendlichen zurecht, wenn wir selbst ein stabiles Selbstwertgefühl besitzen. Dazu gehört neben der notwendigen Erfahrung vor allem das Vertrauen in die eigenen Leitungskompetenzen, persönlicher Optimismus und der Wunsch, durch unsere Arbeit das Leben der Gruppenmitglieder zu bereichern. Die meisten Jugendlichen haben ganz elementare Wünsche an das Leben. Sie möchten sich durch eine sinnvolle Tätigkeit selbst finanzieren können und sie wünschen sich gute Beziehungen.

Im Verlauf der Gruppenarbeit gibt es für jeden Zeiten, in denen das Lebensgefühl unsicher ist, in denen die eigene Entwicklung zu stagnieren scheint, in denen es Konflikte innerhalb der Gruppe oder mit anderen Personen gibt. Gerade dann ist es wichtig, dass die Kommunikation lebendig bleibt, dass uns kein Gruppenmitglied abhanden kommt, dass Schwierigkeiten angesprochen werden. Wir werden also versuchen, die Entwicklung der Gruppe durch Höhen und Tiefen zu unterstützen. Dabei können wir uns an den folgenden Leitmotiven orientieren:

- Jedes Gruppenmitglied sollte in jeder Sitzung ein Mal direkt angesprochen werden. Manchmal ist vielleicht ein Kompliment angebracht, manchmal eine Frage, manchmal eine Beobachtung.
- Jede/r versucht, sich die eigenen Schwächen und Irrtümer selbst zu vergeben und aus Fehlern zu lernen.
- Jedes Gruppenmitglied sollte in jeder Sitzung mindestens ein Mal spontan das Wort ergreifen.
- In jeder Sitzung sollen positive Erfahrungen zur Sprache kommen, etwa so: Drei Dinge, für die ich dankbar bin oder drei Situationen, in denen ich das Gefühl der Zufriedenheit erlebte. Drei Ziele, die ich erreichen möchte.

2. Optimismus

Das Gefühlsleben des Jugendlichen bewegt sich bisweilen zwischen den Extremen von grenzenlosem Optimismus und bodenloser Enttäuschung. Ausgelöst werden solche Stimmungsschwankungen häufig durch Verletzungen, Verluste, Zurückweisungen, Krisen oder scheinbar unüberwindbare Hindernisse. Viele Jugendliche scheuen davor zurück, solche Tiefpunkte zu kommunizieren. Dann ist es erleichternd, wenn wir das Licht im Dunkel sind, indem wir Mitgefühl zeigen und Hoffnung einflößen.

Viele Jugendliche sind unsicher, ob die Welt gut oder schlecht ist, ob das eigene Leben sinnvoll ist und ob es genügend Gründe für Optimismus gibt. Dann ist es wichtig, dass wir als GruppenleiterInnen die trübe Stimmung des/der Betreffenden bemerken. Dabei geht es nicht darum, eine solche Störung des Wohlbefindens auf der Stelle zu korrigieren. Es hilft aber, dass der Kummer bemerkt wird und dass der/die betroffene Jugendliche sich mitteilen kann.

Von Zeit zu Zeit ist es sinnvoll, das Thema der Hoffnung explizit zur Sprache zu bringen. Folgende Maximen können hilfreich sein:

- Ereignisse können dramatisch sein, entscheidend ist jedoch, was ich mit ihnen anfange.
- Unsere Gefühle ändern sich ständig, wenn wir darauf verzichten, sie künstlich festzuhalten.
- Schon morgen erkenne ich in dem Kummer von heute vielleicht den Anstoß zu einer positiven Veränderung in meinem Denken und Fühlen.

3. Werte

Werte sind wichtige Motivationskräfte für unser Verhalten. Die ersten Werte lernen wir in der Familie. Später werden wir mit weiteren Werten konfrontiert: im Kindergarten, in der Schule, an der Universität und im Arbeitsleben. Wie zu Beginn bereits erwähnt, organisiert sich unser Neocortex in den Jahren der Adoleszenz und des frühen Erwachsenenalters neu. Dabei werden hier auch unsere moralischen Prinzipien und Wertvorstellungen verankert, die uns sagen, was wir tun oder lassen sollen. Vor allem werden hier auch die Ansprüche der wichtigen Lebensbereiche gespeichert: Welche Werte gelten in der Liebe? Welche Einstellungen brauche ich für mein Arbeitsleben? – Lehrer und Therapeuten sind wichtige Referenzpersonen für den Wertekanon der Jugendlichen. Dabei ist das persönliche Beispiel der Autoritätsperson besonders wichtig. Wenn unsere LehrerInnen sich authentisch verhalten und wir sie respektieren können, dann besteht eine gewisse Aussicht, dass wir uns von ihrem Wertekanon beeinflussen lassen.

Im Folgenden seien kurz einige besonders wichtige Werte und

Konzepte skizziert, die den Jugendlichen helfen können, positive Beziehungen zu entwickeln.

- Vergebung – dieser Wert ist besonders wichtig, weil er ein zentrales Dogma unserer Kultur in Frage stellt. In fast allen Bereichen herrscht nach wie vor der Irrglaube, dass Menschen sich positiv entwickeln, wenn sie hoffen, dadurch Strafen zu vermeiden. Wenn wir versuchen, Konflikte durch Bestrafung und Sanktionen zu schlichten, dann machen wir die Situation jedoch für alle Beteiligten schwieriger. Wenn wir dagegen die Bereitschaft zur Vergebung entwickeln, auf Rache verzichten und unsere Verletzung akzeptieren, dann schaffen wir Raum für positive Gefühle. Wir ersparen es uns, lange über alte Verletzungen und Benachteiligungen nachzudenken und benutzen die frei werdende Energie für ein zukunftsbezogenes Verhalten. Dieses Konzept betont die Gemeinschaft und die soziale Harmonie.
- Vertrauen – eine gute Beziehung zur Gruppenleitung und anderen Autoritätspersonen ist nur durch Vertrauen möglich. Wenn der/die GruppenleiterIn ihrerseits den TeilnehmerInnen vertraut, dann trägt dies sehr dazu bei, dass eine Atmosphäre der Sicherheit und der Zugehörigkeit entstehen kann.
- Dankbarkeit – in einer positiven Gruppenkultur ist es für die Beteiligten ganz selbstverständlich, dass sie sich bedanken, wenn jemand etwas für sie getan hat. Das kleine Wort «Danke» zeigt darüber hinaus, dass wir die andere Person deutlich wahrnehmen und ihre Aktion schätzen. Dankbarkeit erleichtert uns außerdem die Haltung von Optimismus und Vertrauen. Oft ist sie die Grundlage für die Bereitschaft zur Vergebung und für friedfertiges Verhalten.
- Wertschätzung – Teenager und junge Erwachsene wünschen sich, dass sie wahrgenommen werden, dass ihre Persönlichkeit mit Wohlwollen betrachtet wird und dass ihre Beiträge zur Gemeinschaft geschätzt werden. So entsteht eine Atmosphäre der Sicherheit und ein Gefühl der Zusammengehörigkeit. Wertschätzung muss allen Gruppenmitgliedern zuteil werden. Für die Gruppenleitung darf es weder Lieblinge noch Sündenböcke geben.
- Schwächen und Verletzlichkeit eingestehen – Ganz wichtig ist es, dass wir als Gruppenleiter bereit sind, uns zu entschuldigen, wenn wir etwas übersehen haben, wenn wir die Geduld verloren haben, wenn wir gegen unsere eigenen Standards gehandelt haben. Wenn wir dann das Wort Entschuldigung über die Lippen bringen, zeigen

wir, dass auch die Autorität sich zu ihren Schwächen bekennen darf und nicht unfehlbar ist. Verletzlichkeit zeigen können ist ein besonders wichtiger Wert im Gegensatz zu der verbreiteten Auffassung, dass es vor allem darauf ankommt, keine Fehler zu machen und der Beste zu sein.

- Zukunft – Teenager neigen dazu, positive und negative Zustände für unveränderlich zu halten. Für ein positives Lebensgefühl ist jedoch die Hoffnung wichtig, dass es morgen besser sein wird als heute. Dabei geht es nicht nur um den gesellschaftlichen Fortschritt, sondern auch um die Möglichkeiten der persönlichen Entwicklung des Einzelnen, um die Hoffnung, mit der Zeit weiser und menschenfreundlicher zu werden, sich selbst und anderen gegenüber.
- Respekt – in jeder Gruppe erleben wir Menschen mit unterschiedlichen Temperamenten, Vorlieben und Überzeugungen. Wir sollten diese Verschiedenheit anerkennen und nicht verlangen, dass unsere Schüler zu Spiegelbildern unserer Person werden. Verschiedenheit stellt sich häufig als Wert heraus, als Anstoß, verborgene Stärken der eigenen Person zu entdecken und kreativ zu handeln.

4. Ärger und Zorn auflösen

Zorn und Ärger sind Reaktionen, die Schwierigkeiten meist noch verstärken. Darum ist es wichtig, Jugendlichen zu helfen, Reaktionen von Ärger und Zorn bei sich selbst rechtzeitig zu erkennen und aufzulösen, und auf diese Weise konstruktives Verhalten zu ermöglichen. Auch hier ist unser Vorbild ganz entscheidend. Es ist für die Atmosphäre in der Gruppe hilfreich, wenn wir auf aggressives Verhalten der TeilnehmerInnen nicht spiegelbildlich reagieren, sondern ruhig und besonnen bleiben.

5. Improvisation als Methode

Wie bereits erwähnt, sind die meisten Jugendlichen ständig auf der Suche nach neuen Erlebnissen, neuen Einsichten, neuen Motiven. Sie möchten Menschen begegnen, die in der Lage sind, ihre Abenteuerlust zu befriedigen, ihre Sehnsucht nach Weisheit und Frieden zu erfüllen. Langeweile ist für viele Jugendliche schwer zu ertragen, weil sie noch nicht gelernt haben, mit Situationen der Stille und Stabilität umzugehen. Sie kennen die Möglichkeiten der eigenen Phantasie meist noch nicht. Deshalb ist es sinnvoll, dass wir von Zeit zu Zeit neue Interventionen ausprobieren, unser Kommunikationsverhalten ändern und etwas tun, was experimentell und für uns selbst neuartig ist. Die Konsequenz ist häufig, dass die Gruppe sich verändert, wenn wir als GruppenleiterIn neue Schritte riskieren. Alle Beteiligten spüren dann einen neuen Herzschlag der Gruppe und Stolz darauf, Teil dieser Gemeinschaft zu sein. Durch neues Verhalten gönnen wir uns als GruppenleiterIn selbst eine Erfrischung. Unsere Biologie hat uns dafür ausgerüstet, immer wieder Neues auszuprobieren. Wenn wir dieser natürlichen Bestimmung folgen, dann geht es uns physisch, geistig und spirituell gut. Es folgen einige Möglichkeiten, wie Sie Neues ausprobieren können:

- Stoppen Sie alles, was nicht funktioniert.
- Wenn Sie einen Vorschlag machen, tun Sie das mit möglichst wenigen Worten.
- Hören Sie mehr zu und sprechen Sie weniger.
- Pflegen Sie täglich Dialoge, nicht nur in einer Krise.
- Praktizieren Sie Respekt, Wertschätzung und Akzeptanz.
- Wenn Sie sich über irgendetwas aufregen, dann gestatten Sie sich eine kurze Auszeit.
- Singen Sie möglichst täglich ein Lied mit der ganzen Gruppe.
- Essen Sie möglichst oft gemeinsam mit Ihren TeilnehmerInnen und unterhalten Sie sich dabei mit ihnen.
- Benutzen Sie Ihre Phantasie und stellen sie sich schwierige Schüler in der Zukunft vor, wenn sie ein glückliches und friedliches Leben führen. Wenden Sie sich an den genialen Kern Ihrer Gruppenmitglieder.

6. Resilienz

Die jungen Leute benötigen Widerstandskraft, um dem Tempo und den Spannungen der gesellschaftlichen Veränderung standhalten zu können. Resilienz ist unsere Kraft, mit der wir Herausforderungen begegnen, sie ist die Hoffnung auf eine bessere Zukunft. Resilienz kann uns Mut machen, dass wir mit allen Schwierigkeiten und Enttäuschungen zurechtkommen werden. Sie ist die menschliche Fähigkeit, das eigene Überleben zu sichern, besonders in Krisen.

Die Forschung hat herausgefunden, dass ein Kind wenigstens einen Erwachsenen braucht, von dem es bedingungslos akzeptiert und geliebt wird. Dies kann der negativen Botschaft entgegenwirken, dass irgendetwas mit ihm nicht in Ordnung ist.

Wir können diejenigen sein, die solchen toxischen Botschaften widersprechen. Wir sollten die Jugendlichen in der Hoffnung bestärken, dass sie allen Widrigkeiten zum Trotz wertvoll und liebenswert sind. Dann sind sie in der Lage, gefährliche Freundschaften zu vermeiden. Es ist immens wichtig, dass junge Menschen frühzeitig entdecken, welches ihre persönlichen Stärken und Talente sind, und vielleicht auch, worin der Sinn ihres Lebens bestehen könnte.

Ganz wichtig ist es, dass die Jugendlichen lernen, Schwierigkeiten und Hindernisse, Fehlschläge und Katastrophen neu zu beurteilen. Wenn es ihnen gelingt, in einem Fehler, in einem gescheiterten Projekt, in einem Unglück die Chance auf einen Lernprozess zu sehen, dann ist viel gewonnen.

Eine Gruppenkultur, in der Resilienz gedeihen kann, wird durch folgende Prinzipien und Werte geprägt:

- bewusster Verzicht auf Beurteilungen und Vergleiche,
- Einfühlungsvermögen und Empathie,
- Geduld,
- Hilfsbereitschaft,
- Ermutigung, die eigenen Grenzen zu erweitern,
- langfristige Lebensziele,
- Kreativität,
- Vertrauen,
- Kultivierung der eigenen Stärken,
- Hoffnung,
- Optimismus,
- Rückgriff auf die Ressourcen des Augenblicks.

7. Rituale

Rituale erzeugen Sicherheit und eine angstfreie Atmosphäre. Sie unterstreichen die Zugehörigkeit zur Gruppe und betonen den Wert der Gemeinschaft. Es gibt viele traditionelle Rituale, doch auch neue Rituale sind leicht zu erfinden. Im Folgenden einige Anregungen:

- Vor jeder ersten Stunde im Monat begrüßt der/die GruppenleiterIn alle TeilnehmerInnen mit Handschlag.
- Jede Arbeitseinheit wird durch eine Atemübung oder eine andere nonverbale Aktivität eröffnet.
- Eine Kerze wird angezündet, wenn es für den Lernprozess wichtig ist, dass die Teilnehmer besonders sensitiv sind.

- Eine besondere Kerze begrüßt jedes Gruppenmitglied an seinem Geburtstag oder nach längerer Abwesenheit.
- «Meilensteine» – Für jedes Gruppenmitglied gibt es ein Memoryblatt mit Fotos, die die eigene Entwicklung zeigen (eine Art visuelle Biografie), das im Raum an der Wand hängt.
- Neujahr – In einer speziellen Feierstunde schreiben sich die Gruppenmitglieder kurze Dankesbotschaften für Unterstützung und Anregung während des vergangenen Jahres.
- Weihnachten – Die Teilnehmer basteln sich gegenseitig Geschenke, die man nicht kaufen kann, aus kostenlosem Material. Jeder erlost vorher den Namen eines anderen Gruppenmitglieds, das er dann beschenkt.

Was können wir tun, um den Prozess des Erwachsenwerdens etwas leichter und sicherer zu machen? Wir können den jungen Menschen helfen, ihre Stärken zu entwickeln. Wir können ihre emotionale Kraft und ihre Selbstschutzinstinkte fördern. In Krisen und Notfällen können wir helfen. Aber besonders wichtig erscheint mir, dass wir unsere Kultur ändern. Wir brauchen eine Kultur, die weniger egoistisch und unübersichtlich ist; ehrlicher und naturnäher; weniger gewaltbereit und sexualisiert; weniger hektisch und manipulativ.

Unsere Kinder verdienen eine Gesellschaft, in der alle ihre Begabungen entwickelt und geschätzt werden. Ich hoffe, dass dieses Buch einen Beitrag dazu leistet.

Klaus W. Vopel

Kapitel 1

# Identität

# Mein Foto

Jeder von uns hat viele Beziehungen: zu Freunden und Verwandten, zu Sportkameraden und zu Lehrern. Aber die wichtigste Beziehung, die wir jemals haben können, ist die Beziehung zu uns selbst. Wenn wir mit uns selbst befreundet sind, wenn wir uns in Gedanken und Selbstgesprächen respektvoll behandeln, dann kommen wir gut durchs Leben. Wir unterstützen uns selbst, wenn wir Kraft brauchen, wir motivieren uns, wenn unser Weg steil und schwierig wird, wir trösten uns, wenn wir es nötig haben.

Mit sich selbst befreundet zu sein, klappt nur, wenn wir sehr aufmerksam sind. Wir müssen darauf achten, was wir denken. Wir müssen unser Verhalten beobachten, vor allem, wenn wir etwas tun, was uns selbst schadet. Wir müssen unsere Gefühle beachten und all die inneren Stimmen, die versuchen, die Welt zu erklären.

Wenn wir mit uns selbst befreundet sind, dann können wir auch unsere Wünsche und Stärken klarer erkennen. Wir haben dann weniger Angst und fühlen uns stärker. Wir entdecken, wie schön das Leben sein kann und wir glauben immer fest daran, dass wir wieder aufstehen können, wenn wir hingefallen sind. Es geht uns dann wie dem Bambus: Ein Sturm kann unseren Stamm beugen, aber nicht brechen.

### Anleitung

Nimm dir ein Blatt Papier und klebe ein Foto von dir darauf. Wenn du kein Foto zur Hand hast, dann kannst du auch ein Porträt von dir zeichnen. (5 Min.)

Nun beantworte bitte schriftlich die folgenden Fragen:

- Was gefällt dir an deinem Bild am besten?
- Wenn dein Bild sprechen könnte, was würde es dann zu dir sagen?
- Würdest du gern etwas an dem Bild verändern? Wenn ja, was?
- Wenn du dieses Bild verschenken wolltest, wer würde sich darüber besonders freuen?

### Auswertung

- Die Teilnehmer bilden Paare und zeigen einander ihre Aufzeichnungen.
- Die Fotos bzw. Bilder werden im Raum aufgehängt, sodass jeder Gelegenheit hat, einzelne Arbeiten in Ruhe zu betrachten.

## Collage

Die Collage ist eine künstlerische Technik, die sehr schön zeigt, dass wir keine monolithische Persönlichkeit sind, sondern eher ein Puzzle, dessen viele Einzelteile zusammengesetzt ein Bild ergeben. Allerdings ändern sich die einzelnen Bestandteile im Lauf der Zeit, sodass das Gesamtbild immer etwas anders ausfällt.

Für diese Aktivität benötigen Sie Zeitungen und Illustrierte, außerdem Blankopapier, Klebstoff und Scheren.

### Anleitung

Schau dir einige der alten Zeitungen und Magazine an und finde dann Bilder, Wörter und Buchstaben, die auf irgendeine Weise symbolisch zeigen,

- wer du bist,
- welches deine Stärken sind,
- welche Gefühle in deinem Leben eine große Rolle spielen,
- was du mit deinem Leben anfangen möchtest,
- wie es dir im Augenblick geht.

Schneide Bilder und Wörter aus und klebe sie auf ein Blatt Papier. Langsam entsteht ein Bild, das erzählen kann, wer du bist. (20 Min.)

### Auswertung

Die Teilnehmer kommen in Trios zusammen und zeigen einander ihre Collagen. Dabei sind die folgenden Fragen besonders nützlich:

- Was habe ich Neues erfahren?
- Was möchte ich in meinem Leben verändern?
- Womit bin ich besonders zufrieden?
- Wer unterstützt mich und hört mir zu?

# Hallo, so bin ich!

Hier fordern wir die Teilnehmer auf, sich in einem einfach strukturierten Monolog auszudrücken und möglichst viele persönliche Charakteristika von sich zu nennen. In der Darstellung sollen alle möglichen Aspekte genannt werden, damit sie das Interesse des Hörers fesselt. Der Text soll eine Beziehung zum Leser aufbauen und ihn motivieren, konzentriert zuzuhören.

**Anleitung**

Stell dir vor, dass du Lust hast herauszufinden, ob du dich auch als Songwriter, oder als Sänger eignen würdest. Um das zu klären, nimmst du an einem Casting teil. Die erste Aufgabe, mit der du dein Talent zeigen sollst, geht so: Schreibe einen Monolog in Form eines einfachen Gedichts. Die Zeilen können unterschiedlich lang sein. Sie brauchen sich nicht zu reimen und sie können ganz unterschiedliche Rhythmen haben:

Ich bin Marie und ich bin intelligent.
Ich bin attraktiv, ich bin kreativ, ich bin liebevoll.
Ich bin unabhängig.
Ich bin das Kind einer geschiedenen Mutter.
Ich bin die Tochter von Immigranten.

Damit dein Gedicht lebendig wird, kannst du deine Zeilen auch jedes Mal etwas anders beginnen lassen, z.B. so:

- Manchmal bin ich faul.
- Ich liege und höre Musik.
- Niemals würde ich ein Geheimnis verraten.
- Immer kämpfe ich für Gerechtigkeit.
- Mutige Menschen ziehen mich besonders an.
- Hoffentlich schaffe ich diese Schule!

Du kannst deine Einfälle spontan aufschreiben und es deiner Phantasie überlassen, für eine interessante Reihenfolge zu sorgen. Nicht alle Aussagen müssen wahr sein. Du kannst Erfindung und Wahrheit mischen. Und du kannst Licht und Schatten abwechseln lassen, denn dein Ziel soll es sein, Interesse an deiner Persönlichkeit zu wecken. (10 Min.)

### Auswertung

- Die Teilnehmer bilden Paare und lesen sich ihre Texte gegenseitig vor.
- Der Partner kommentiert nicht und stellt keine Fragen.
- Einzelne Freiwillige tragen ihren Text im Plenum vor. Die Gruppe kann Fragen stellen und Kommentare abgeben.

### Variation

Transformation des Textes in eine Grafik: Eine kreative Gruppe kann die Transformation auf folgende Weise bewerkstelligen: Irgendein Text wird langsam vorgelesen und dabei malt jeder ein einfarbiges Bild, das seine Reaktion auf den gehörten Text zum Ausdruck bringt. Der Autor des Textes bekommt die Bilder zur Erinnerung.

## Wenn ich ein Tier wäre

Hier werden die Teilnehmer angeregt, eine Metapher für die eigene Existenz zu finden. Diese Technik gestattet einen frischen Blick auf das eigene Leben. Auch schwierige Erlebnisse können dezent bearbeitet werden.

### Anleitung

Mach es dir auf deinem Platz bequem und schließ die Augen. Atme einmal langsam aus.

Stell dir vor, dass du gut und erholsam geschlafen hast. Am Morgen wachst du auf und erlebst eine Überraschung. Du wachst nämlich nicht in deiner menschlichen Gestalt auf, sondern du bemerkst, dass du dich in ein Tier verwandelt hast. Versuche dir vorzustellen, wie dieses Tier aussieht, wie groß es ist, wie alt, welche besonderen Charakteristika es hat.

Und nun kannst du langsam die Augen öffnen und ein Bild von diesem Tier malen. (10 Min.)

Beantworte jetzt bitte folgende Fragen:

- Welche Eigenschaften bewunderst du an diesem Tier am meisten?
- Was kann dieses Tier nicht ausstehen?
- Wie sollte man dieses Tier nie nennen?
- Was sind die größten Stärken dieses Tieres?
- Was ist der größte Wunsch, den dieses Tier hat? (20 Min.)

### Auswertung

Hier soll die Auswertung im intimen Rahmen stattfinden, zu zweit oder zu dritt. Besonders anregend ist das Gespräch, wenn Teilnehmer zusammenkommen, die sich als verschiedenartig empfinden.

### Variation

Statt der einleitenden Imagination können auch fertige Tierbilder eingesetzt werden. Jeder hat dann die Möglichkeit, das Tier auszuwählen, das ihm am meisten zusagt, mit dem er sich vielleicht identifizieren kann.

# Gute Erinnerungen

Gute Erinnerungen können uns helfen, in Krisenzeiten Widerstandskraft und Optimismus zu behalten. Gute Erinnerungen weisen uns darauf hin, dass sich im Leben angenehme und schwierige Zeiten abwechseln. Besonders erfreulich ist es, gemeinsam mit anderen gute Zeiten in der Erinnerung wieder wachzurufen. Das ist eine ausgezeichnete Medizin gegen Sorgen und Gefühle der Hilflosigkeit.

**Anleitung**

Denk an eine Zeit zurück, die gute Gefühle in dir wachruft. Vielleicht fällt dir ein Familienfest ein, ein besonderer Geburtstag, ein sportlicher Erfolg oder das Zusammensein mit geliebten Menschen.

Du kannst dir auch verschiedene schöne Erinnerungen wachrufen und feststellen, dass du mehr gute Zeiten erlebt hast, als du dachtest. Und du kannst diese positiven Erinnerungen besonders intensiv genießen, wenn du dich entspannst, wenn du langsam und gründlich atmest, wenn du dich ganz gerade hinsetzt, damit die Energieströme in deinem Körper frei zirkulieren können.

Und nun nimm dir ein Blatt Papier und mach eine Skizze von einer dieser Zeiten. Wie alt bist du? Wo bist du? Wer ist bei dir? Was geschieht in dieser Situation?

Und während du dein Bild malst, lass mit jedem Strich, mit jeder neuen Farbe die alten Glücksgefühle wieder wach werden. Sei dankbar dafür, dass du das erleben durftest und dass du dich daran erinnern kannst. (10 Min.)

Beantworte nun schriftlich die folgende Frage: Wie kannst du heute dafür sorgen, dass du später positive Erinnerungen hast? (3 Min.)

**Auswertung**

Die Teilnehmer kommen in Paaren zusammen und berichten einander.

## Selbstbild

Von Anfang an sind wir darauf angewiesen, positive Botschaften von den Menschen zu erhalten, die für uns sorgen. Instinktiv wissen wir, dass unsere Sicherheit und unser Überleben von unseren Beschützern abhängig ist. Deshalb tun wir alles, um ihr Wohlwollen zu sichern. Besonders kommt es uns darauf an,

- dass wir beachtet werden.
- dass unsere Gefühle verstanden werden.
- dass wir nicht zu lang allein sein müssen.
- dass wir unsere Betreuer als verlässlich erleben.

**Anleitung**

Geh mit deinen Gedanken zurück in die Anfänge deiner Kindheit und betrachte die Zeit bis zum heutigen Tage. Welche positiven Botschaften hast du in deiner Familie bekommen? Wie haben die anderen Familienmitglieder ihre positiven Gefühle für dich gezeigt? Wie haben sie dir mitgeteilt, was sie an dir schätzen, welche Talente sie bei dir bemerken, welche Charakterstärken sie beobachten können? Was haben deine Angehörigen über deine Zukunft gedacht? Haben sie an dich und an deinen Erfolg geglaubt? Haben sie dir das Recht zugebilligt, Fehler zu machen und eine eigene Meinung zu entwickeln?

- Vielleicht kannst du bei deiner Mutter anfangen und aufschreiben, welche positiven Botschaften sie dir gesendet hat. (3 Min.)
- Nun wende dich deinem Vater zu und schreibe auf, welche positiven Botschaften du von ihm erhalten hast. (3 Min.)
- Welche positiven Botschaften hast du von anderen Familienmitgliedern bekommen (Geschwister, Großeltern etc.)? (3 Min.)
- Welche positiven Botschaften hast du von Lehrern oder Freunden bekommen? (3 Min.)

Die Mitglieder unserer Familie bleiben normalerweise ein Leben lang wichtig für uns, sodass wir uns auch später freuen, wenn wir positive Botschaften bekommen. Aber wenn wir älter werden, lernen wir, dass wir uns auch selbst positive Botschaften senden können.

Schreibe einen ganz kurzen Brief an dich selbst und sende dir darin eine positive Botschaft.

### Auswertung

Die Auswertung sollte im Quartett stattfinden. Jeder soll fünf Minuten Zeit haben, seine Gedanken mitzuteilen. Außerdem soll jede Kleingruppe die Frage besprechen: Bekommen wir in dieser Gruppe genügend positive Botschaften?

## Sorgen

Kindheit und Jugend sind für viele auch eine Zeit der Sorge. Wir sind unsicher, was unsere Stärken und unsere Erfolgsaussichten im Leben angeht. Wir zweifeln an unserer Beliebtheit und Attraktivität. Wir erkennen die eigenen Defizite leichter als unsere Stärken. So geht es vielen und wir können uns glücklich schätzen, wenn wir in diesen kritischen Zeiten eine/n Mentor/in finden.

### Anleitung

Geh in der Erinnerung ein paar Jahre zurück und male ein Bild von dir, das dich zu diesem früheren Zeitpunkt zeigt. (10 Min.)

Und nun lass dich von dem Bild anregen, über diese Zeit nachzudenken. Was hat dir damals Vergnügen bereitet? Was hast du am liebsten getan? Was hat dich zufrieden gemacht? Worauf warst du stolz?

Erinnere dich nun daran, dass es damals auch Sorgen gab, die dich beunruhigten. Was hat dich damals irritiert? Womit warst du unzufrieden? Welche Zweifel haben dich heimgesucht?

Manchmal neigen wir dazu, die unangenehmen Dinge im Leben einfach zu ignorieren. Vielleicht weil wir glauben, dass wir nichts daran ändern können. Aber das ist keine gute Strategie. Manchmal sind Sorgen ein Weckruf, dass wir etwas in uns ändern müssen.

Wende deinen alten Sorgen von damals noch etwas Aufmerksamkeit zu. Beschreibe sie und notiere, was aus ihnen geworden ist. (10 Min.)

### Auswertung

Die Teilnehmer kommen in Paaren zusammen und zeigen einander ihre Texte.

Im Plenum kann die Frage gestellt werden: Gibt es eine Zeit im Leben, die vollkommen sorgenfrei ist? Welchen psychologischen Sinn hat unsere Gewohnheit, uns Sorgen zu machen? Wie können wir mit unserer chronischen Unsicherheit konstruktiv leben?

# Höhepunkte

Höhepunkte helfen uns, einen interessanten Rhythmus im Leben zu spüren. Sie liefern die Motivation für besondere Anstrengungen und Abenteuer und lassen uns Routine und Langeweile geduldig ertragen. Ein Höhepunkt ist ein Erlebnis, das uns erfüllt und tief berührt. Das kann ein sportlicher Wettkampf sein, die Besteigung eines Bergs oder die Reise in ein neues Land, die Bekanntschaft mit einem bedeutenden Menschen oder eine glückliche Liebe. Manchmal sind im Rückblick auch tragische Erfahrungen und Verluste so wichtig, dass wir sie als Höhepunkte betrachten können. Höhepunkte haben eine gewisse spirituelle Energie, die uns einen Augenblick der Unsterblichkeit und der Vollkommenheit schenkt.

## Anleitung

Bitte schau zurück auf die letzten Jahre und finde einen Höhepunkt in deinem Leben, eine Situation oder ein Ereignis, das sehr wichtig für dich war. Die Folgen haben dein Leben geprägt und du wirst diesen Höhepunkt nicht so schnell vergessen. Vielleicht war das ein Höhepunkt für deine Gefühle. Du bist mit einem Menschen zusammengekommen, den du sehr magst. Vielleicht musstest du auch von jemandem Abschied nehmen und du hast dir vorgenommen, etwas in deinem Leben zu verändern. Vielleicht erinnerst du dich an eine Reise oder an ein Fest und du hast erlebt, wie interessant und wie schön das Leben sein kann.

Bitte beschreibe diesen Höhepunkt und was dabei geschehen ist.

Beschreibe auch, wie sich dein Denken und vielleicht sogar dein Leben dadurch verändert haben.

Es kann auch sein, dass du zu diesem Zeitpunkt ein anderes Bild von dir selbst bekommen hast.

- Was hat sich durch diesen Höhepunkt in deinem Leben verändert?
- Was hat nach diesem Höhepunkt in deinem Leben evtl. aufgehört? (20 Min.)

## Auswertung

Die Teilnehmer kommen in Paaren zusammen und tauschen sich aus.

## Wie mich andere sehen

In unserer Kultur ist die persönliche Freiheit ein hohes Gut und wir schätzen sie oft mehr als das Gefühl der Zugehörigkeit. In anderen Kulturen spielt dagegen die Gruppenzugehörigkeit eine überragende Rolle und der Einzelne ist oft bereit, auf Freiheiten zu verzichten, um seinen Platz in der Gruppe nicht zu gefährden. In allen Kulturen entwickeln die Menschen ein psychologisches Porträt von sich selbst, wie sie von anderen Menschen gesehen werden. Das hilft uns, besser zu verstehen, welche Gefühle und Erwartungen wir bei anderen auslösen.

Für Kinder und Jugendliche ist dieses psychologische Fremdbild besonders wichtig. Jungen und Mädchen orientieren sich an den Mitgliedern ihrer Altersgruppe. Sie übernehmen probeweise deren Werte und Verhaltensweisen, um ihren Respekt zu erringen und um dazuzugehören. Während sie sich aus der eigenen Familie mehr und mehr lösen, wird die Referenzgruppe der Gleichaltrigen immer wichtiger.

**Anleitung**

Wie siehst du dich selbst? Wie wirst du von anderen gesehen?

Diese Fragen stellst du dir vielleicht jeden Tag. Die Antworten, die du darauf findest, helfen dir, mit anderen auszukommen und deinen eigenen Weg zu finden. Jeder von uns ist auf andere Menschen angewiesen, auf Freunde und Kollegen, auf Familie und Vorbilder. Aber seinen Weg muss jeder selbst finden. Das nimmt uns niemand ab.

Du kannst so beginnen: Male zwei Bilder, zwei Schnellporträts von dir. Das eine soll zeigen, wie du dich selbst siehst, und das andere soll zeigen, wie du von anderen gesehen wirst. (5 Min.)

Leg die Bilder nun beiseite, aber so, dass du dich immer wieder von ihnen anregen lassen kannst. Jetzt möchte ich, dass du aufschreibst, wie du von anderen Menschen gesehen wirst. Du kannst mit den Menschen in deiner Familie anfangen und darüber schreiben, wie du

- von deiner Mutter
- von deinem Vater
- von deinen Geschwistern
- von deinen Großeltern (Onkeln und Tanten) gesehen wirst. (10 Min.)

Jetzt kannst du schreiben, wie du von deinen Freunden und von deinen Rivalen gesehen wirst. Manchmal ist es nützlich herauszufinden, wie uns jemand sieht, der uns kritisch gegenübersteht.

Interessant ist auch die Frage, wie du von einem Menschen gesehen wirst, in den du dich verliebt hast.

Und zum Schluss schreib bitte auf, wie du dich selber siehst.

### Auswertung

Die Teilnehmer kommen in Quartetten zusammen und versuchen, ihre Erkenntnisse in wenigen Sätzen zusammenzufassen. Dann sollen die anderen Mitglieder der Kleingruppe mitteilen, wie sie die Einzelnen sehen. (10-15 Min.)

Zum Schluss können einzelne Gruppenmitglieder im Plenum vorlesen, wie sie sich selbst sehen.

# Mein ideales Selbstbild

Die meisten Menschen haben eine Vorstellung davon, wie sie gern sein möchten. Eine große Rolle spielen unsere Vorbilder, die Menschen, die uns so beeindruckt haben, dass wir so sein möchten wie sie. Besonders prägend sind die Erwachsenen in unserer Familie, die wir entweder imitieren oder bei denen wir den Beschluss fassen, dass wir ganz anders sein wollen. In jedem Fall tragen sie in starkem Maße zu unserem idealen Selbstbild bei.

Eine andere wichtige Quelle für unser ideales Selbstbild ist unsere eigene Intuition, unser Unbewusstes. Dieser verborgene Teil unserer Persönlichkeit weiß besonders gut über uns Bescheid. Leider hören wir zu wenig auf diese innere Stimme. Denn sie ist eine Quelle der Weisheit.

**Anleitung**

Stell dir vor, es soll ein Film über dein Leben gedreht werden. Du sollst die Leute beraten, die den Film machen wollen. Vielleicht zögerst du zuerst, weil du Zweifel hast, ob du interessant genug bist. Aber der Regisseur beruhigt dich und erklärt, dass dies ein Film wird, der zeigt, wie dein Leben wäre, wenn du alle deine Stärken und Talente ins Spiel brächtest. Der Regisseur versichert dir, dass jede Szene wiederholt und neu gedreht werden kann, wenn du den Wunsch danach hast. (1-2 Min.)

Nun kannst du anfangen. Male ein Bild von dir, das zeigt, wie du gern wärst, wenn es ganz nach deinen Wünschen ginge, nach deinen Träumen, nach deiner Sehnsucht. (10 Min.)

Jetzt kannst du dein ideales Selbstbild mit Worten beschreiben:

- Welcher Name würde zu dieser Filmfigur passen?
- Wenn du dein neues, ideales Selbstbild betrachtest, wie fühlst du dich dann?
- Was findest du an diesem neuen Selbstbild am aufregendsten?
- Welche Möglichkeiten bekommst du, wenn dieses neue Selbstbild Wirklichkeit wird?
- Welcher Teil dieses neuen Selbstbildes macht dich etwas nervös?

Lass dir eine Viertelstunde Zeit, um deine Gedanken zu diesen Fragen aufzuschreiben.

Stell dir nun bitte vor, dass der Film fertig ist und dass du selbst überrascht bist, wie lebendig und interessant die Story geworden ist.

Stell dir weiter vor, dass der Film im Fernsehen gezeigt wird. Wie reagieren die Zuschauer? Was fühlen sie? Was denken sie? Stell dir zwei Zuschauer vor und schreibe auf, was sie über den Film denken. (10 Min.)

**Auswertung**

Komm mit einem Partner zusammen und berichte ihm von deinem idealen Selbstbild. (10 Min.)

# Körperbild 1

Das eigene Körperbild spielt für Kinder und Jugendliche eine große Rolle. Meist haben wir etwas daran auszusetzen. Wir sehen die Bilder fremder Körper und wir verstehen instinktiv, wie jemand aussieht, der gesund, glücklich und reich ist bzw. wer depressiv, arm und hungrig ist. Die Werbeindustrie sendet ständig körperbetonte Botschaften, die uns sagen, wie wir aussehen sollen, damit wir im Leben Erfolg haben. Niemand möchte krank, verunstaltet, hässlich oder bedürftig aussehen. Jede/r möchte so aussehen, dass er/sie selbst und andere von ihm/ihr sagen: du bist attraktiv, du bist okay, du gehörst dazu.

Die Überbetonung des Aussehens führt leicht zu Ängstlichkeit und Selbstkritik. Wir leiden darunter, wenn wir Mängel entdecken. Die Folge ist oft ein schwaches Selbstbild. Auch Essstörungen können daraus entstehen. Die Dauerbeobachtung des eigenen Körpers verstärkt den natürlichen Narzissmus und führt zu einer psychologischen Abhängigkeit von einem künstlichen Ideal. Aus dem Blick geraten die weniger offensichtlichen Qualitäten der Person, ihre Charakterstärken, ihre Talente, ihre Erfahrungen. Gutes Aussehen ist außerdem sehr flüchtig und vergänglich.

Es ist die Aufgabe von Eltern und Erziehern, den jungen Menschen zu helfen, ein entspanntes Verhältnis zum eigenen Körper zu entwickeln.

### Anleitung

Kommt bitte jeweils zu sechst zusammen und setzt euch auf den Boden. Legt zwei Bögen Flipchart-Papier in die Mitte und eine Schachtel mit Ölkreiden dazu. Die Gruppe soll zwei Körperbilder malen, von einem Jungen und einem Mädchen. Die Bilder sollen Menschen zeigen, die mit ihrem Aussehen zufrieden sein können. Sie sollen weder besonders gut, noch besonders hässlich aussehen. An dem Malen der Bilder sollen sich alle beteiligen. Wenn ihr das Gefühl habt, dass ihr durch das Malen nicht alles ausdrücken könnt, das ihr wichtig findet, dann könnt ihr die Bilder durch kurze schriftliche Bemerkungen ergänzen.

Findet für jede Person, die ihr darstellt, einen Namen. Achtet darauf, dass jeder mitmachen kann. (20 Min.)

**Auswertung**
Die Kleingruppen besprechen die Bilder und stellen sie dann im Plenum vor.

**Variation**
Die Collagetechnik bietet für dieses Thema sehr schöne Möglichkeiten. Sie brauchen ein breites Spektrum an Zeitschriften und Journalen. Dabei sollte eher surrealistisch als fotorealistisch gearbeitet werden. Diese Arbeitsweise ist für viele Gruppen besonders motivierend.

# Körperbild 2

Diese Übung lässt sich gut an die vorherige (Körperbild 1) anschließen. Die Teilnehmer werden durch die Fragen des Wertebogens geführt und können einzelne Aspekte ihres Körperbildes in Ruhe durchdenken.

### Anleitung

Der Körper ist unser größtes Gut. Solange alle Organe gut funktionieren und der Körper gesund und stark ist, denken wir nicht viel über ihn nach. Die meisten Gedanken verwenden wir auf die Frage, wie attraktiv unser Körper für andere ist. Wir glauben, dass unser Körper eine Art Magnet ist, der andere Menschen anlockt und sie dazu bringt, freundlich zu uns zu sein. Oft ist uns unser Aussehen wichtiger als unser Charakter.

Es ist gut, wenn du daran denkst, dass dein Körper, deine Gefühle und dein Geist drei verschiedene Netzwerke bilden, die alle gleich wichtig sind und die bestrebt sind, zu kooperieren und sich gegenseitig zu unterstützen.

Du bekommst gleich einen Wertebogen mit einer Reihe von Fragen. Beantworte sie in aller Ruhe. Schreib auf, was dir beim Nachdenken spontan einfällt. (15 Min.)

### Auswertung

Die Teilnehmer kommen in Trios zusammen und vergleichen ihre Antworten. (15 Min.)

## Wertebogen «Körperbild 2»

(Beantwortet die folgenden Fragen auf einem Extrablatt.)

1. Ich würde meinen Körper so beschreiben:
2. Wenn ich mich mit meinem Körper beschäftige, dann spüre ich...
3. Mein Grundgefühl für meinen Körper ist:
4. Mein Körper schickt häufig die folgende Botschaft an meinen Kopf:
5. Stimmen mein Kopf und mein Herz meistens überein? Wann ja, wann eher nicht?
6. Mein Körper ist eher

- athletisch.
- rundlich.
- asketisch/mager.

7. Am besten gefällt mir an meinem Körper:
8. Anderen gefällt an meinem Körper vor allem:
9. Ich denke zu viel/zu wenig über mein Aussehen nach:
10. Meine Eltern haben an meinem Körper vor allem Folgendes beachtet:
11. Ich bin meinem Körper besonders dankbar dafür, dass...
12. Ich könnte meinen Körper besser behandeln, wenn ich...
13. Wenn ich mich entspannen möchte, dann tue ich Folgendes:
14. Zu meinen Schlafgewohnheiten ist zu sagen, dass...
15. Bei starker Belastung ist folgendes Organ besonders empfindlich:
16. Ich würde gern ... Jahre alt werden.
17. Ein Arzt würde mir folgenden Rat geben, damit ich gesund bleibe.

# Stimmen in meinem Kopf

Wir alle haben Stimmen in unserem Kopf, die uns verletzen können. Manchmal machen wir gemeine Bemerkungen zu uns selbst. Manchmal schmerzen uns nicht so sehr die Worte anderer Menschen als vielmehr unsere inneren Stimmen, die uns kritisieren und uns den Respekt verweigern.

Manchmal lohnt es sich, innezuhalten, um genauer zu hören, welche Worte wir für uns selbst finden. Was sagst du z.B. zu dir selbst, wenn du einen Fehler gemacht hast, wenn du etwas vermasselt hast?

Oft sind unsere inneren Stimmen leise, aber viel gemeiner, als wir glauben. Woher kommen diese inneren Stimmen? Einige haben wir von unseren Eltern übernommen, von Geschwistern und Schulfreunden. Andere kritische Stimmen und Urteile stammen von Autoritätspersonen, aus Büchern oder Filmen.

Wer hauptsächlich positive innere Stimmen hört, der hat in der Regel auch positive Gefühle für seine Mitmenschen. Das Umgekehrte stimmt auch: Menschen, die uns fortwährend kritisieren, haben meist negative Gefühle für sich selbst.

Wenn wir älter werden, dann müssen wir gut achtgeben. Wenn wir den negativen Stimmen mehr glauben als den positiven, dann ergibt das ein ziemlich düsteres Bild von der Welt.

Wir müssen uns immer fragen: Will ich das unterschreiben, was diese Stimme zu mir sagt? Hat sie wirklich meine Interessen im Blick? Spricht sie die Wahrheit?

## Anleitung

Manchmal sind unsere Selbstgespräche überkritisch. Schreibe all die gemeinen Sachen auf, die du zu dir selber sagst, wenn du einen Fehler gemacht hast, wenn du etwas vergessen hast, wenn du die Kontrolle über deine Gefühle verloren hast, wenn du den Mund nicht halten konntest und andere geärgert oder verletzt hast. (10 Min.)

Nun lies dir noch einmal durch, was du aufgeschrieben hast. Unterstreiche die Stimmen, die am lautesten sind. Finde heraus, wann und wo du diese Stimmen zum ersten Mal gehört hast. Wer hat auf diese Weise mit dir gesprochen? (5 Min.)

Was würdest du in diesem Augenblick am liebsten zu der Person sagen, die dich so angegriffen hat? (5 Min.)

Kannst du dir vorstellen, was diese Person erlebt hat, dass sie so kritisch, bissig, mitleidlos, hart geworden ist? Bist du bereit, dieser Person ihre Rücksichtslosigkeit zu verzeihen? (5 Min.)

### Auswertung

Die Teilnehmer kommen in Paaren zusammen und tauschen sich über ihre kritischen inneren Stimmen aus.

Im Plenum ist die Frage angebracht: Wie viel Kritik wird in dieser Gruppe geübt? Warum ist Kritik meistens schmerzlich? Gibt es andere Möglichkeiten, ein konstruktives Feedback zu geben?

# Mein Schatten

Wir alle haben eine Sonnenseite, die sich zeigt, wenn wir liebenswürdig, kompetent, zuverlässig, loyal und kreativ sind. Aber jeder hat auch eine Schattenseite, in der all das verborgen wird, wofür es keinen Beifall gibt. Wir lagern unsere großen und kleinen Defizite aus in eine «Bad Bank» des Negativen, in der Hoffnung, dass wir uns dann im Alltag etwas besser fühlen.

Oft regen wir uns über Charaktereigenschaften und Verhaltensweisen bei anderen auf, die wir uns selbst nicht verzeihen würden. Meist gibt es denselben Defekt auch in uns selbst.

## Anleitung

Stell dir vor, dass du eine magische Lampe hast, mit der das Unsichtbare sichtbar werden kann. Insbesondere zeigt die Lampe deine Schwächen und Schattenseiten. Schreibe fünf Minuten ohne Pause darüber, was alles zu deiner dunklen Seite gehört. (5 Min.)

Und denk nun bitte darüber nach, wie sich deine dunkle Seite auf deine Freundschaften, auf dein Leben in der Familie und auf deine Ziele im Leben auswirkt. Schreibe fünf Minuten ohne Pause, was dir dazu einfällt. (5 Min.)

Über welche Menschen ärgerst du dich leicht? Haben sie Schwächen, die du auch an dir bemerkst? Versuche fünf Minuten darüber zu schreiben, mit welchen Menschen du deine Schattenseiten gemeinsam hast. (5 Min.)

Schreibe nun einen Dialog. Gib deinen Schwächen eine Stimme und unterhalte dich mit ihnen. Lass jede Seite mindestens drei Mal zu Wort kommen. (10 Min.)

## Auswertung

Hier ist es angebracht, dass Sie als GruppenleiterIn Ihre Erfahrungen als Beispiele beisteuern, die zeigen, wie unser Schatten funktioniert und wie er seine Kraft verliert, wenn er vom Bewusstsein aufgedeckt wird.

Diskussion im Plenum.

## Mein innerer Kritiker

Diese Figur ist eine passende Metapher für den ewigen Monolog in unserem Kopf. Unser «innerer Kritiker» arbeitet als Zensor, als Richter, Polizist, Geheimagent, Miesmacher und Spielverderber. Dem Kritiker geht es um die Kontrolle über uns. Er will uns dazu bringen, nicht aufzufallen und uns anzupassen. Ab und zu rechtfertigt sich der innere Kritiker und beruhigt uns mit den Worten: Ich kritisiere dich nur zu deinem eigenen Besten. Ohne mich würdest du dich lächerlich machen. Ich versuche nur, dich dazu zu bringen, dass du auf Nummer sicher gehst, keine Risiken eingehst, bescheiden bleibst. Du solltest immer eine Maske tragen, denn wenn du sie abnimmst, wirst du entlarvt. Du bist weder talentiert noch intelligent oder kreativ, du bist weder witzig noch cool oder attraktiv. Wenn du Erfolg hast, denk an das blinde Huhn, das auch mal ein Korn findet. Und wenn du Glück im Spiel und in der Liebe hast, dann warne ich dich: Das war purer Zufall. Wenn du einen neuen Freund findest, dann rate ich dir, die Situation nicht zu sehr zu genießen, weil die Enttäuschung früh genug kommen wird.

Der innere Kritiker ist für viele Menschen die schlimmste Glücksbremse, weil sie es nicht verstehen, seine Botschaften zu dosieren. Richtig eingesetzt, hat der innere Kritiker auch positive Eigenschaften. Wir werden aufgefordert, die innere Balance zu halten und weder im Glück noch im Unglück aus dem Gleichgewicht zu kommen. Wir werden daran erinnert, dass alles vergänglich ist und dass unser höchstes Gut in der Besonnenheit liegt. Wenn wir demütig unserem Schicksal folgen, dann haben wir die größtmögliche Sicherheit, die es gibt. Wir verlieren unsere Angst vor der Unsicherheit.

### Anleitung

Stell dir bitte vor, dass du in dir eine Stimme hast, die auf dich aufpasst und die versucht, auf dein Denken und Handeln Einfluss zu nehmen. Ihre größte Sorge scheint zu sein, dass du überheblich sein könntest, allzu stolz und selbstzufrieden. Diese Stimme sagt dir, was du alles falsch machst, sie warnt dich, wenn du etwas Neues versuchst. Sie versucht, dir die folgenden Grundsätze einzuhämmern: Selbstzweifel sind unsere größte Tugend. Bewahre den Status quo, Neues ist gefährlich.

Von dieser Stimme hörst du selten etwas Positives und niemals Anerkennung, niemals Freude darüber, dass du etwas geschafft hast oder dass du gerade glücklich bist. Diese Stimme glaubt nicht, dass du aus Fehlern lernen kannst und dass du viele schlummernde Talente hast, von denen du noch gar nichts weißt. Ganz im Gegenteil: Die Stimme hält dich für einen Egoisten, der nur den eigenen Vorteil im Auge hat. Mit aller Gewalt und mit offener und verdeckter Kritik versucht diese Stimme, dich unsicher zu machen. Manchmal erinnert dich diese Stimme an Menschen aus deinem Leben, die ebenfalls Zweifel in dir säen. Neid und Eifersucht veranlassen viele Menschen, anderen das Leben schwer zu machen und sie in eine Opferrolle zu drängen. Unsere kritische innere Stimme übertreibt oft maßlos. Sie ist nicht bereit, irgendwelche positiven Gefühle zuzulassen.

Natürlich ist an allen Beanstandungen immer auch ein Fünkchen Wahrheit. Das dürfen wir nicht vergessen. Und mit diesem Fünkchen Wahrheit kann uns die innere Stimme auch von Nutzen sein. Damit das möglich ist, solltest du dir ein paar Weisheiten merken:

- Es ist nie zu spät, etwas zu lernen, umzudenken, anders zu handeln.
- Nur wer es wagt, Fehler zu machen, kann lernen.
- Fehler sind dann besonders segensreich, wenn sie unserer Neugier und Abenteuerlust entstammen.

Stell dir vor, dass du eine Unterhaltung zwischen dir und deiner kritischen Stimme führst. Was sagt die kritische Stimme zu dir? Wie bremst sie dich? Welche Hindernisse errichtet sie für dich? Auf welche Weise ärgert sie dich? Wann gibt sie dir das Gefühl von Hilflosigkeit?

Schreibe zehn Minuten lang diese Unterhaltung zwischen dir und deiner kritischen inneren Stimme auf. (10 Min.)

Und nun zeichne ein Bild von dir, das dich in einem positiven Licht zeigt. Du kannst mit Ölkreiden malen und aus Zeitschriften Wörter und Symbole ausschneiden und in dein Bild einbauen. Dein Bild soll deine guten Qualitäten, deine persönlichen Stärken und deine Talente zum Ausdruck bringen. (15 Min.)

**Auswertung**

Die Teilnehmer kommen in Paaren zusammen und teilen einander mit, was sie jetzt besonders bewegt.

Kapitel 2

# Familie und Freunde

# Mein Bild von mir als Kind

Unsere Persönlichkeit entwickelt sich in der Familie. Wenn unsere Familie liebevoll ist, dann lernen wir, zu uns und anderen freundlich zu sein. Mit unserer Familie bleiben wir ein Leben lang eng verbunden. Wir wünschen uns, hier Wärme und Schutz zu finden. Wie immer unser Ursprung für uns war, er verdient unseren Respekt.

Alle Familien haben Höhen und Tiefen, gute Zeiten und schlechte Zeiten, Stärken und Schwächen. Keine Familie ist perfekt und sie muss es auch nicht sein. Auch eine Familie mit Schwächen kann uns einen sehr guten Start geben.

Freunde sind ebenfalls unersetzlich. Meist erleben sie ähnliche Dinge wie wir selbst. Manchmal können wir zu ihnen aufschauen und von ihnen lernen. Wir können uns ihnen anvertrauen und uns von ihnen trösten lassen.

**Anleitung**

Nimm ein Foto, das dich als kleines Kind zeigt, ehe du in die Schule kamst. Wähle ein Bild aus, das du gern magst. Klebe das Bild auf ein weißes Blatt Papier.

Und nun betrachte dieses Bild in aller Ruhe.

- Welche Gefühle bemerkst du bei dir, wenn du dieses Bild betrachtest?
- Welche persönlichen Stärken kannst du in dem Bild erkennen?
- Gibt es irgendetwas in diesem Bild, einen Teil von dir, den du jetzt nicht mehr brauchst, auf den du jetzt verzichten möchtest?
- Wie hast du dich in der Zeit nach dieser Aufnahme verändert?
- Wenn das Kind, das auf dem Foto ist, vor dir stehen würde, was würdest du ihm dann sagen wollen?

Lass dich nun von dem Foto und den Fragen anregen und schreibe dem Kind einen Brief. (15 Min.)

**Auswertung**

Die Teilnehmer kommen in Paaren zusammen und lesen sich ihre Texte vor. (15 Min.)

# Gruppenbild mit Freunden

Fotografien, die uns mit Freunden oder Familienmitgliedern zeigen, können eine Einladung an unser Unbewusstes sein, unerledigte Dinge abzuschließen. Manchmal gibt es alte Konflikte, alten Groll oder Rachegedanken, oft sind alte Verletzungen nicht abgeheilt oder wir haben es versäumt, Liebe und Anerkennung, Dankbarkeit und Wertschätzung auszudrücken. Da wir die wichtigen Menschen in unserem Leben ständig in uns herumtragen, ist es erleichternd, wenn wir unsere Beziehungen zu ihnen verbessern und Frieden mit ihnen schließen.

## Anleitung

Such dir ein Bild oder ein Foto aus, das dich mit anderen Personen zeigt. Am besten mit Menschen aus deiner Familie oder mit Freunden. Klebe das Foto oben auf ein leeres Blatt, sodass du gleich einen Kommentar darunter schreiben kannst.

Und nun betrachte das Bild in aller Ruhe und bemerke, welche Gedanken sich spontan einstellen und was du dabei fühlst.

Vertiefe dich nun etwas stärker in das Bild und finde heraus, was die Personen auf dem Foto wohl gerade denken. Versuche diese Frage für jede von ihnen zu beantworten.

Und nun stell dir vor, was die Personen sagen würden, wenn sie aus dem Bild heraustreten könnten und dir gegenüberstünden. Was würden sie zu dir sagen?

Es könnte auch sein, dass eine der Personen gern etwas zu einer anderen abgebildeten Person sagen würde. Was wäre das dann?

Und zum Schluss kannst du dir überlegen, was du selbst zu jeder dieser Personen sagen möchtest. Was ist es, was du ihnen bisher nicht gesagt hast?

Konzentriere jetzt deine ganze Aufmerksamkeit auf dich selbst. Was möchtest du in diesem Augenblick zu dir selbst sagen? Kannst du dir etwas Positives mitteilen, etwas, was du gut gebrauchen kannst?

Lass dir jetzt zehn Minuten Zeit und schreibe alles auf, was dir durch den Kopf geht, was du fühlst und spürst. (10 Min.)

## Liebe

Das wichtigste Gefühl für kleine Kinder ist Liebe und zwar in einem besonderen Sinn:

- Jedes Kind möchte sich beachtet fühlen.
- Jedes Kind möchte positive Resonanz bekommen, d.h. es möchte von den Erwachsenen geschätzt und respektiert werden.
- Jedes Kind möchte sich beschützt fühlen.
- Jedes Kind möchte, dass die Erwachsenen an seine Fähigkeiten, an sein Potenzial glauben.

Liebe bleibt ein Leben lang eins unserer Hauptmotive, mit einer charakteristischen Veränderung: Die empfangene Liebe nimmt ab, die gegebene Liebe nimmt zu.

### Anleitung

Denk zurück an Zeiten, in denen du dich geliebt, beachtet und geschätzt fühltest.

- Konntest du dieses positive Gefühl in dir aufbewahren?
- Wie beeinflusst das Gefühl, geliebt zu werden, dein Denken und Handeln?
- Wie beeinflusst es die Art und Weise, wie du dich selbst siehst, wie du dich selbst behandelst bzw. die Menschen, mit denen du zusammen bist?

Nimm den Wertebogen «Liebe» zur Hand und beantworte schriftlich die Fragen auf einem Extrablatt.

### Auswertung

Die Teilnehmer kommen in Quartetten zusammen und teilen mit, welche Gedanken/Gefühle besonders wichtig für sie waren.

Im Plenum können verschiedene Antworten vorgetragen werden.

## Wertebogen «Liebe»

1. Eine Situation, in der ich mich geliebt und geschätzt fühlte, war…

2. Wenn ich mich geliebt fühle, dann…

3. Wenn ich mich nicht geliebt fühle bzw. wenn ich mich übersehen, abgelehnt oder verachtet fühle, dann…

4. Ich wünsche mir positive Erlebnisse. Besonders wünsche ich mir…

5. Kannst du dich selbst lieben? Warum ist diese Art der Liebe wertvoll und wichtig?

# Familienclan

Jede Familie hat bestimmte Ziele und bestimmte Vorstellungen von einem guten Leben. Es wird erwartet, dass die einzelnen Familienmitglieder diese Ziele und diese Vorstellungen für sich übernehmen. Es kann sehr viel persönlichen Mut erfordern, einen anderen Weg einzuschlagen und den familiären Vorgaben nicht zu folgen.

### Anleitung

Wir wünschen uns, dass wir mit Stolz auf unsere Familie und ihre Geschichte blicken können. So ein positiver Blick kann uns ein Fundament geben und uns helfen, unsere eigenen Lebensziele zu erkennen.

Ihr bekommt gleich den Wertebogen «Familienclan» und ich bitte euch, die Fragen auf einem Extrablatt schriftlich zu beantworten. (15 Min.)

### Auswertung

Die Teilnehmer kommen in Paaren zusammen. Dabei wählen sie sich jemanden, den sie noch nicht besonders gut kennen. Sie tauschen sich über ihre Einsichten aus. (15 Min.)

## Wertebogen «Familienclan»

1. Wenn es in meiner Familie ein geflügeltes Wort oder ein typisches Stichwort gäbe, dann wäre das:

   ...............................................

2. Wir glauben in unserer Familie, dass die Außenwelt so über uns denkt:

   ...............................................

3. Das Grundgefühl oder die Grundstimmung in meiner Familie ist:

   ...............................................

4. Besondere Anerkennung bekommt bei uns jemand, der:

   ...............................................

5. Die drei wichtigsten Werte, die von meiner Familie hochgehalten werden, sind:

   ...............................................

6. Stell dir vor, dass deine Familie ein Wappen hätte. Zeichne ein Wappen, das den Charakter und die Vision deiner Familie zum Ausdruck bringt. (Extrablatt)
7. Mit wem kommst du in deiner Familie besonders gut aus?

   ...............................................

8. Mit wem kämpfst du immer wieder?

   ...............................................

9. Auf welche Weise möchtest du dich von deiner Familie unterscheiden?

   ...............................................

10. Wie zeigst du deiner Familie am besten Treue und Dankbarkeit?

    ...............................................

# Brief an die Mutter

Für die meisten Menschen sind die Eltern die zentralen Figuren ihrer Kindheit. Sie prägen unser Leben. Manchmal sind die Eltern liebevoll, manchmal gleichgültig, manchmal feindselig. Zum Glück verfügen viele Kinder über eine natürliche innere Widerstandskraft, sodass sie auch mit Eltern überleben können, die gleichgültig oder ablehnend sind. Aber auch bei «guten» Eltern haben die Kinder Beschwerden und unerfüllte Wünsche. Darum ist es wichtig, die Kommunikation zwischen Eltern und Kindern zu eröffnen und dafür zu sorgen, dass beide Seiten mehr Verständnis füreinander entwickeln.

Hier soll ein Brief geschrieben werden, in dem alles gesagt werden kann, was das Kind sagen möchte, was es sagen sollte, was es bisher versäumt hat zu sagen. Diese Briefe sollen nicht wirklich in die Hand der Mütter gelangen. Ihr Zweck ist es, dem Kind Erleichterung zu verschaffen.

### Anleitung

Du sollst gleich einen Brief an deine Mutter schreiben, auch wenn du vielleicht deine biologische Mutter nicht kennst oder wenn sie weit entfernt von dir lebt oder schon tot ist. Die Mutter soll diesen Brief nicht zu lesen bekommen. Er ist für die Mutter bestimmt, die du in deinem Herzen trägst. Und zu dieser Mutter kannst du in dem Brief sprechen und ihr dein Herz ausschütten. Das ist oft ein erster Schritt, der dir neue Hoffnung gibt, damit du wieder an die Kraft der Liebe glauben kannst.

Nimm dir also ein leeres Blatt Papier. Beginne mit dem Datum und dann folgt die Anrede, so wie du mit deiner Mutter sprechen möchtest. Erzähle ihr alles, was du ihr schon immer sagen wolltest. Du kannst über alles sprechen, über das Positive, was du deiner Mutter verdankst, über das Negative, was du vermisst hast oder wodurch sie dich verletzt hat. Du kannst der Mutter auch erzählen, wie es dir heute im Leben geht und worauf du stolz bist. Vielleicht willst du der Mutter auch sagen, wie du dir die weitere Beziehung zu ihr vorstellst. Du hast eine Viertelstunde Zeit für deinen Brief. (15 Min.)

### Auswertung

Diese Briefe sind nicht für die reale Mutter bestimmt, die vielleicht von einer so starken Botschaft überfordert wäre. Ein symbolisches Ritual kann Vertraulichkeit gewährleisten. Es gibt drei Möglichkeiten:

- Die Briefe werden irgendwo in der Natur gemeinsam vergraben.
- Die Briefe werden gemeinsam verbrannt.
- Die Briefe werden entweder zu einem Schiffchen gefaltet oder zerrissen und einem fließenden Gewässer anvertraut.

### Variation

Ähnlich wichtig ist es, einen Brief an den Vater zu schreiben - in einem passenden zeitlichen Abstand.

## Das Aquarium

Die Atmosphäre in einer Familie wird auch durch die emotionalen Abstände bestimmt, die zwischen den Familienmitgliedern bestehen. Häufig fühlen sich die Kinder der Mutter besonders nahe, während sie unter einem zu großen Abstand zum Vater leiden. Und auch der Abstand zwischen den Geschwistern ist unterschiedlich ausgeprägt. Wichtig ist, dass das Kind erkennt, dass es Einfluss nehmen kann auf den emotionalen Abstand. Dann fühlt es sich weniger hilflos und gewinnt an Selbstachtung.

Eng verbunden mit Nähe und Distanz ist das Empfinden von Gerechtigkeit. Wer sich in der Familie ungerecht behandelt fühlt, der leidet unter chronischem Stress. In Familien mit einem starken Gefühl von Ungerechtigkeit und mit zu wenig oder zu viel Abstand zwischen den einzelnen Mitgliedern ist das Leben für alle Beteiligten anstrengend und entwicklungsfeindlich. Korrekturen können zum Glück jederzeit gemacht werden und sie können von jedem der Beteiligten kommen. Eine kleine Veränderung zwischen zwei Personen kann das gesamte Netz der Beziehungen verändern.

### Anleitung

Stell dir vor, dass ein Zauberer deine gesamte Familie in Fische verwandelt hat. Nun schwimmen sie alle in einem Aquarium. Lass dir ein wenig Zeit, damit du diese Verwandlung vor deinem geistigen Auge sehen kannst. Und dann male ein Bild von diesem Aquarium. Jeder wurde in einen Fisch verwandelt, der zu ihm passt. Du kannst durch die Abstände zwischen den einzelnen Fischen andeuten, wie nahe sich die einzelnen Familienmitglieder im Alltag sind. Du hast eine Viertelstunde Zeit, um dieses Bild zu malen. Und am Ende sollst du noch einen Titel für dein Bild finden. (15 Min.)

### Auswertung

Die Teilnehmer kommen in Paaren zusammen und erklären einander ihre Aquarienbilder. Anschließend bleiben die Bilder auf den Tischen liegen und die Teilnehmer gehen im Raum herum, um einen Eindruck von der Vielfalt des Familienlebens zu bekommen.

# Familiengedicht

Manchmal verbessern wir unsere Beziehungen dadurch, dass wir unsere Intuition ins Spiel bringen. Hier lebt unsere Weisheit, die sich aus vielen Quellen speist. Wenn wir ein Bild malen oder ein Lied komponieren, dann bringen wir automatisch unser Unbewusstes, unsere Seele ins Spiel. Unsere künstlerischen Produktionen helfen uns manchmal, Brücken zu bauen, Nähe herzustellen, Dankbarkeit zu zeigen, Liebe auszudrücken.

**Anleitung**

Finde irgendein Mitglied deiner Familie, das so wichtig für dich ist, dass du den Kontakt zu ihm verbessern möchtest.

Wer kommt für dich in Frage? Zu wem möchtest du mehr Zugang finden? Mit wem würdest du manchmal gern Zeit verbringen? Der Name dieser Person wird zum Titel des Gedichts, das du gleich schreiben sollst. Dieses Gedicht ist ganz einfach. Es kommt ohne Reime und ohne besonderen Rhythmus aus. Im Unterschied zu einem Brief sind im Gedicht die Zeilen kürzer. Das ist der wesentliche Unterschied. Manche Zeilen sind ganz kurz und bestehen nur aus einem oder zwei Wörtern und die längsten Zeilen sollen nicht mehr als acht Wörter haben. Diese Konstruktion führt dazu, dass wir das Gedicht langsamer aufnehmen und das ist auch beabsichtigt. Beim langsamen Hören bzw. Lesen kannst du deine Gefühle besser bemerken. Du kannst auch deinen Gedanken Gelegenheit geben, den Worten nachzugehen. Im Gedicht wird alles intensiver. Folgende Themen kann das Gedicht behandeln: Du darfst sagen,

- wie es dir geht,
- was die Person für dich bedeutet,
- wie es in der Vergangenheit war,
- was du dir für die Zukunft wünschst,
- welche Hoffnungen du hast,
- wofür du dankbar bist,
- was du vergessen oder verzeihen willst,
- was du der anderen Person im Leben wünschst.

Achte darauf, dass nicht allzu viele Anklagen, Vorwürfe, Anschuldigungen und Kritik in deinem Gedicht vorkommen.

Du kannst selbst entscheiden, wie lang das Gedicht sein soll. Besonders wichtig ist ein letzter Punkt: Schreibe so, dass die Person, für die du schreibst, interessiert zuhören würde. Drück dich so aus, dass sie neugierig wird und die Ohren spitzt. Du hast für dein Gedicht eine Viertelstunde Zeit. (15 Min.)

**Auswertung**

In einem ersten Schritt können die Gedichte einem Partner vorgelesen werden. Anschließend werden Quartette gebildet und die Gedichte oder Teile daraus werden wiederum vorgelesen.

## Der Brief vom Himmel

Diese besondere Perspektive schafft emotionalen Abstand und zugleich Klarheit. Außerdem etwas mehr Mut und Selbstbewusstsein. Ein wenig können wir uns wie der liebe Gott fühlen und den Dingen auf den Grund sehen. Es heißt ja, dass der Mensch sieht, was er vor Augen hat, während Gott ins Herz sieht.

Diese Perspektive ist ein kleiner Trick zur Bewusstseinserweiterung und emotionalen Öffnung. Wer im Himmel ist, unterliegt nicht mehr der irdischen Schweigepflicht.

### Anleitung

Stell dir vor, dass du für eine unbestimmte Zeit in den Himmel berufen bist, um von dort die Erde und das Treiben der Menschen zu beobachten. Später sollst du für das Himmelsjournal schreiben, aber jetzt darfst du noch üben. Vom Himmel aus kannst du genau sehen und hören, was auf der Erde vor sich geht. Und ab und zu zieht es dich zu deiner Familie und du beobachtest deine Angehörigen. Schreib ihnen einen Brief und teile ihnen mit, was du beobachtest und denkst. Sag deiner Familie auch, was die himmlische Perspektive für dich bedeutet, was dadurch anders ist. Du hast eine Viertelstunde Zeit für deinen Brief vom Himmel. (15 Min.)

### Auswertung

Besonders geeignet für die Auswertung ist das Paar mit seiner schützenden Intimität.

## Familiengötter

In jeder Familie werden bestimmte Dinge – Aktivitäten, Werte, Aufgaben – idealisiert. Manchmal stärkt das die Familie, manchmal wird sie dadurch krank oder sogar zerstört. Wir nennen diese Dinge, an denen die Familienmitglieder hängen, Familiengötter oder -göttinnen. Manchmal üben diese Familiengötter zu viel Druck auf die Kinder aus, z.B. wenn sie verlangen, dass die Kinder nur mit erstklassigen Zensuren aus der Schule kommen. Für die Kinder ist es wichtig, selbst mitzubestimmen, wie weit sie sich den Familiengöttern unterordnen wollen.

**Anleitung**

Schließ deine Augen und denk an die Dinge, die in deiner Familie besonders hoch geschätzt werden. So sehr, dass man sie als «Familiengötter» bezeichnen könnte. Das kann z.B. Folgendes sein:

- Arbeit
- Schönheit
- Beliebtheit
- Ansehen
- Intelligenz
- materieller Erfolg
- Sport
- Macht
- Geld
- politischer Einfluss
- das Ansehen der Familie
- Ehre
- religiöse Gebote

Entscheide dich für einen oder zwei «Familiengötter» und zeichne sie realistisch oder symbolisch. Du kannst auch Worte dazu schreiben oder eine Collage machen. (10 Min.)

Nun schau dir dein Bild in Ruhe an und schreib auf, wer in deiner Familie diesem Gott anhängt, in welchem Maße und mit welchen Konsequenzen. (10 Min.)

Und nun überlege dir, an welchen Familiengöttern du selbst festhalten möchtest und warum. Was hast du davon, wenn du dich dieser Verehrung anschließt und tust, was von dir erwartet wird? (5 Min.)

Und jetzt überlege bitte, welche Familiengötter du nicht länger verehren willst. Warum ist das so? Wie verändert sich dein Leben, wenn du hier einen eigenen Weg gehst? (10 Min.)

**Auswertung**
Hier bieten sich Trios an, um eine breite Perspektive zu erreichen.

**Anmerkung**
In manchen Jugendgangs und auch in manchen politischen Gruppierungen gibt es solche Götter, die oft blind und unkritisch verehrt werden. Diese Art der Gefolgschaft gibt scheinbare Sicherheit, ist aber oft brisant.

## Der Apfel fällt nicht weit...

Wir sind mit den Menschen aus unserer Kindheitsfamilie durch viele unsichtbare Bande verknüpft. Ohne es zu wissen, nehmen wir uns Familienmitglieder zum Vorbild, übernehmen deren Werte und Lebensziele. Und auch wenn wir einige Familienmitglieder ablehnen und ganz anders sein wollen, als sie es sind, bleiben wir eng mit allen verbunden. Jeder freut sich, wenn er Vorfahren hat, auf die er stolz sein kann.

Besonders eng sind natürlich die Beziehungen zwischen Eltern und Kindern sowie zwischen Geschwistern. Hier gibt es die intimsten Kenntnisse und die stärksten Gefühle. Schwierigkeiten in diesen Beziehungen können sehr belasten. Kinder sollten deshalb lernen, eine gewisse «Familienintelligenz» zu entwickeln und ihre nächsten Verwandten mit liebevollem Respekt, mit Achtsamkeit und etwas Humor zu betrachten.

### Anleitung

Jeder macht sich ab und zu Gedanken über die Familie, in der er lebt. Wir wissen, dass wir unsere Familie brauchen und dass es uns am besten geht, wenn alle in Frieden miteinander leben. Wir wissen auch, dass Harmonie in einer Familie nicht selbstverständlich ist. Jeder braucht dazu guten Willen, eine Portion Dankbarkeit und die Bereitschaft, den anderen ihre Fehler zu vergeben.

Du bekommst gleich einen Wertebogen und hast zwanzig Minuten Zeit, deine Gedanken dazu aufzuschreiben.

### Auswertung

Hier bietet es sich an, die Wertebogen beiseite zu lassen und über einige der folgenden Fragen zu sprechen.

- Warum ist die Familie für uns so wichtig?
- Was geschieht, wenn die Familienmitglieder sich mit zu wenig Respekt begegnen?
- Was geschieht, wenn sie einander verachten?
- Wozu brauchen wir Dankbarkeit?
- Was bewirkt die Bereitschaft, den anderen ihre Fehler zu vergeben?

## Wertebogen «Der Apfel fällt nicht weit...»

1. Schreib den Namen eines Familienmitglieds, zu dem du deine Beziehung verbessern möchtest, oben auf ein DIN-A4-Blatt:
2. Bitte beende darunter dann die folgenden Aussagen über dieses Familienmitglied.

- Er/sie tut Gutes für mich, indem er/sie...
- Besonders dankbar bin ich diesem Menschen dafür, dass...
- Eine wichtige Gemeinsamkeit von uns ist...
- Manchmal lächle ich über ihn/sie, wenn...
- Am liebsten bin ich mit ihm/ihr zusammen, wenn wir gemeinsam...
- Manchmal gebe ich mir einen Ruck und vergebe ihm/ihr, dass...

# Meine Clique

Neben der Familie spielt die Gruppe der Gleichaltrigen eine besondere Rolle für Kinder und Jugendliche. Hier erweitern sie ihren Horizont, trainieren ihre soziale Intelligenz und von hier aus können sie die Werte und Spielregeln ihrer Familie aus einem gewissen Abstand betrachten. Manchmal sind die Bindungen in der Gruppe der Gleichaltrigen so eng, dass sie eine Art zweite Familie bilden:

- Wir übernehmen die Norm der Gruppe und tun Dinge, die wir sonst nicht tun würden.
- Wir verbergen Teile unserer Persönlichkeit, die in der Gruppe weniger geschätzt werden.
- Wir bremsen unsere eigene Entwicklung, um weiterhin in die Gruppe zu passen.
- Eine negative Gruppenatmosphäre kann uns pessimistisch und aggressiv machen.
- Eine positive Gruppenatmosphäre kann uns anregen, optimistisch zu sein, hilfsbereit und risikofreudig.
- Gute Gruppen können uns Halt und Geborgenheit geben und das Gefühl dazuzugehören.
- In jeder Gruppe entwickeln sich spezielle Rollen. Es ist hilfreich, über diese Rollen ab und zu nachzudenken.

### Anleitung

Bitte beantworte die Fragen des Wertebogens. Es geht dabei um die Rollen, die häufig in Gruppen entstehen. (15 Min.)

### Auswertung

Es bietet sich an, die im Wertebogen skizzierten sechs Rollen im Plenum zu diskutieren.

### Variation

- Erfinde eine Geschichte über einen Menschen, der zum Sündenbock gemacht wird.
- Schreibe den inneren Monolog eines Menschen, den keiner beachtet..
- Schreibe die Ansprache eines «Anführers» auf.

## Wertebogen «Meine Clique»

Welche Rolle spielst du in deiner Clique? Welche anderen Rollen gibt es dort?
Dieser Wertebogen gibt dir Anregungen für eine kurze Rollenanalyse.

1. Rolle: Der Held. Er verkörpert die Stärken, die in der Gruppe am meisten geschätzt werden.
- Um welche Qualitäten handelt es sich deiner Meinung nach in deiner Clique?
- Welche dieser Qualitäten sind wirklich wichtig?
- Welche sind eher unwichtig oder sogar zweifelhaft?

2. Rolle: Der Sündenbock. Er verkörpert die Qualitäten, die von den Gruppenmitgliedern abgelehnt werden, die verachtet oder bekämpft werden.
- Um welche Qualitäten handelt es sich deiner Meinung nach?

3. Rolle: Der Rebell. Er hat Qualitäten, die von den Autoritäten abgelehnt oder unterdrückt werden. Der Rebell bekämpft den Status quo und sehnt sich nach Entwicklung. Der Rebell hat Mut und riskiert Ablehnung und Niederlagen. Ab und zu kann er Siege und Triumphe feiern.
- Auf welche Weise und wogegen rebellieren deine Altersgenossen und die Mitglieder deiner Clique?
- Welche Haltung ist positiv?
- Welche Aktionen sind eher schädlich?

4. Rolle: Der Clown. Er sorgt für Entspannung und gute Laune. Mit seinen Späßen schafft er geistige Lockerheit und Vielfalt. Spannungen in der Gruppe kann er durch Späße auflösen. Der Clown darf kritisieren und aussprechen, was andere Gruppenmitglieder sich nicht zu sagen trauen. Der Clown ist in der Lage, in allen Dingen ein Körnchen Wahrheit und etwas Positives zu entdecken. Deshalb wird er von den meisten gemocht.
- Welche Erfahrungen hast du bisher mit Gruppenclowns gemacht?
- Was ist das Positive an einem Clown?
- Wann wirkt sich die Rolle des Clowns negativ aus?

5. Rolle: Der Friedensengel. Ihm können wir uns anvertrauen. Ihm können wir unter vier Augen sagen, was uns bedrückt und was wir erhoffen. Der Friedensengel versteht und akzeptiert. Er bietet Schutz vor aggressiven Gruppennormen.
- Welche positiven Aufgaben hat der Friedensengel?
- Was kann man nicht von einem Friedensengel erwarten?

6. Rolle: Der Unsichtbare. Auch das «unsichtbare» Gruppenmitglied ist Teil der Gruppe, wird aber nicht besonders beachtet. Seine Stimme wird überhört, seine Interessen werden vergessen. Wichtig ist diese Person als «Füllmaterial», nicht als Teammitglied.
- Warum sind auch «unsichtbare» Gruppenmitglieder wichtig?
- Können diese Gruppenmitglieder sichtbar werden und wann tun sie das?
- Wie lange sollte jemand diese Rolle übernehmen?

Gibt es noch weitere Rollen in deiner Clique? In dieser Gruppe? Und wenn ja, welche?

Gelingt es dir, in deiner Clique und/oder in dieser Gruppe je nach Situation zwischen verschiedenen Rollen hin- und herzuwechseln?

## Soziale Intelligenz

Jugendliche werden stärker, wenn sie über die Dynamik in ihren Gruppen reflektieren können. In dem anschließenden Wertebogen werden einige Prozesse skizziert, die wir in allen Gruppen beobachten können.

In jeder Gruppe fragen wir uns: Was kann ich hier profitieren? Und manchmal fragen wir uns auch: Was kann ich hier beitragen?

## Wertebogen «Soziale Intelligenz»

Dieser Wertebogen skizziert sechs Prozesse, die du in den meisten Gruppen und Cliquen beobachten kannst. So kannst du deine soziale Intelligenz stärken.

A. Unterstützung: Wir hoffen, dass wir die Unterstützung der Gruppe bekommen. Dann fühlen wir uns akzeptiert, zugehörig, respektiert und wichtig.

Denk bitte an Freunde und Bekannte, Klassenkameraden und Kollegen, die ungefähr in deinem Alter sind. Wer von ihnen unterstützt dich manchmal?

- Zeichne eine schnelle Skizze von dieser Person. (3 Min.)
- Beschreibe, auf welche Art diese Person für dich sorgt. Mit welchen Aktionen, mit welchen Worten, mit welchen Strategien. (10 Min.)

B. Identifikation: Wir identifizieren uns automatisch mit Personen, die uns nahestehen, die wir mögen und akzeptieren. Wir wollen sein wie sie und genießen es, wenn wir ihnen nahe sein können.

- Denke bitte an Freunde und Bekannte, Klassenkameraden und Kollegen, die ungefähr in deinem Alter sind. Mit welchen Gleichaltrigen kannst du dich identifizieren? Wer ist dir ähnlich? Wer ist ein Vorbild für dich? Wer hat die gleichen Werte wie du? Mit wem stimmt die persönliche Chemie?
- Mach eine schnelle, abstrakte Skizze von dieser Person. Du kannst z.B. eine Linie zeichnen, die abwechselnd gerade und in Kurven verläuft und am Ende zum Ausgangspunkt zurückkehrt. (5 Min.)
- Stell dir vor, dass diese Person eine kurze Beschreibung ihrer Persönlichkeit gibt: Ich bin ein Mensch, der...
  Lass diese Person von sich sprechen (eine halben Seite).

C. Konkurrenz: Konkurrenz ist normal. Überall, wo zwei Personen zusammen sind, gibt es Kooperation und Konkurrenz. Konkurrenz ist förderlich, wenn sie uns anregt zu lernen und zu wachsen, Risiken einzugehen, mutig zu sein, Entscheidungen zu treffen, Verantwortung zu übernehmen. Gesunder Wettbewerb macht uns nicht ärmer, sondern reicher. Doch kranker Wettbewerb lähmt uns, macht uns Angst gibt uns das Gefühl der Hilflosigkeit und Unterlegenheit.

Bei gesunder Konkurrenz sind wir nicht darauf aus, stärker oder mächtiger zu sein als der andere. Gesunde Konkurrenz ist eng mit der Bereitschaft verbunden, zu helfen und Ressourcen zu teilen. Auch eine gute Freundschaft hat deshalb immer eine Dosis Konkurrenz. Im Zweifelsfall schätzen wir Hilfsbereitschaft und Unterstützung jedoch höher ein als die anregende Kraft des Wettbewerbs.

Mit wem stehst du in einem Wettbewerb?

- Zeichne ein schnelles Bild von euch beiden, indem du jeden von euch als ein Tier darstellst. (5 Min.)
- Beschreibe den Wettbewerb zwischen euch.

D. Entscheidungen treffen: Entscheidungen haben meist mehr Auswirkungen, als wir glauben. Darum ist es praktisch, wenn wir über die langfristigen Konsequenzen einer Entscheidung nachdenken. Besonders wertvoll sind jene Entscheidungen, die sowohl mit dem Kopf als auch mit dem Gefühl getroffen werden..

- Beschreibe eine wichtige Entscheidung aus der letzten Zeit. Mit wem hast du darüber gesprochen? Welche Meinungen hast du gehört? Welche Anregungen hast du berücksichtigt?
- Was sagt dein Bauchgefühl zu deiner Entscheidung? Bist du dir treu geblieben? Hast du auch fremde Interessen im Blick gehabt?

E. Zurückweisung: Zurückgewiesen werden, ohne dass wir uns darüber aufregen, ist mühsam zu lernen. Wir alle neigen dazu, das Verhalten anderer sehr persönlich zu nehmen. Oft fällt es uns schwer, ein Nein zu akzeptieren.

- Von wem bist du in letzter Zeit zurückgewiesen oder abgelehnt worden? Beschreibe, wie dein Körper auf die Zurückweisung reagiert hat. Welche anderen Zurückweisungen fallen dir ein? Welche alten Zurückweisungen schmerzen dich immer noch? Gibt es irgendetwas Positives, das für dich aus einer Zurückweisung entstanden ist?
- Schreibe nonstop zehn Minuten lang über das Thema der Zurückweisung.

F. Vertrauen: Jeder Mensch braucht mindestens eine Person, der er vertrauen kann. Ihr gegenüber können wir unsere Maske abnehmen und unsere Gefühle und Gedanken offen mitteilen. Wir sind uns sicher, dass wir nicht verurteilt oder abgelehnt werden. Manchmal gibt es diese

Vertrauensperson im Kreis der Gleichaltrigen, oft ist diese Person aber auch älter als wir. Wem kannst du vertrauen?

- Mach es dir auf deinem Platz bequem und schließ die Augen. Atme einmal langsam aus.
- Stell dir vor, dass du von Menschen umgeben bist, den du vertrauen kannst. Schau jedem einzelnen ins Gesicht. Versuche, die Nähe der anderen Personen zu spüren. (2 Min.)
- Wenn du jedem nah warst, kannst du die Augen wieder öffnen und den nächsten Schritt machen.
- Wähle eine Person aus, zu der du großes Vertrauen hast. Schreibe dieser Person einen Brief und erzähle ihr, wie vertrauenswürdig du selbst bist, worauf diese Person sich verlassen kann und wo gegebenenfalls die Grenzen deiner Verlässlichkeit liegen. (10 Min.)

# Idealer Freund/ideale Freundin

Manchmal wünschen wir uns einen Freund, wie wir ihn bisher noch nicht gefunden haben, treu, aufregend, stimulierend, taktvoll, weise, spielerisch, mit allen Qualitäten, die wir schätzen.

Vermutlich gibt es diesen idealen Freund, aber eben nicht dort, wo wir gerade sind, bzw. wo wir unsere Freunde für gewöhnlich finden. Solche außergewöhnlichen Freunde finden wir leichter in der Phantasie. Aber wenn wir das Bild eines idealen Freundes im Herzen tragen, dann steigt die Wahrscheinlichkeit, dass wir ihm/ihr eines Tages begegnen.

## Anleitung

Freunde/Freundinnen fallen nicht vom Himmel. Wir müssen sie entweder selbst suchen oder bereit sein, uns von ihnen finden zu lassen.

Beginne mit einem einfachen Gedicht. Der Titel lautet entweder «Ein idealer Freund» oder du wählst den Namen aus, den dein imaginärer Freund tragen soll.

Das Gedicht kann beliebig viele Zeilen haben, sie brauchen sich nicht zu reimen. Die Zeilen können beliebig lang sein. (10 Min.)

Jetzt kannst du deinem idealen Freund noch etwas näherkommen. Lade ihn ein, indem du ihn in einer Collage beschwörst. Die Collage kann aus verschiedenen Komponenten bestehen: Bilder und Wörter, die du ausschneidest, Dinge, die du zeichnest oder aufschreibst. Du hast jede Freiheit, auch was die Größe der Collage angeht. Gestalte sie so, wie sie sein muss, damit sie den nötigen Magnetismus entwickelt.

Und wenn alles fertig ist, kannst du deine Collage mit einem Mantra krönen. Dieses Mantra soll der Ruf deines Herzens sein und eine Aufforderung enthalten. Bewährt haben sich kurze Wörter, wie:

- Schnell!
- Bald!
- Komm!
- Hierher!
- Bitte!
- Ja!
- Jetzt gleich!!
- Zeig dich!
- Finde mich! (20 Min.)

**Auswertung**

Die Auswertung kann im Plenum stattfinden. Zunächst sollen die Collagen gezeigt werden. Anschließend sollen möglichst viele Gedichte vorgetragen werden. Insgesamt ist es gut, wenn eine geheimnisvolle Atmosphäre entsteht, denn Freundschaft ist das Kind der Sehnsucht.

## Fragen und Antworten

Zum Thema Freundschaft gibt es viele Fragen. Auch wenn Freundschaft ein Geschenk des Himmels ist, so hat sie auch praktische Aspekte. Um eine interessante Atmosphäre zu schaffen, benutzen wir hier das Instrument des griechischen Chors. Sechs Gruppenmitglieder setzen sich gemeinsam im Halbkreis so hin, dass sie die Gruppe im Auge haben. Aus der Gruppe kommen Fragen, die dann knapp von einem oder maximal drei Mitgliedern des griechischen Chors beantwortet werden. Der griechische Chor wird mit einer Frage konfrontiert und antwortet spontan.

### Anleitung

Ich habe eine Liste mit Fragen vorbereitet, über die wir sprechen können. Nachher können auch Fragen aus der Gruppe kommen. Zu jedem Thema dürfen spezielle Fragen gestellt werden. Beantwortet werden sie von einem griechischen Chor, der sich zu jeder Frage äußert. Pro Frage gibt es maximal drei Antworten und die Antworten brauchen im griechischen Chor nicht abgestimmt zu werden. Es kann sein, dass einige Antworten klar und verständlich sind, während andere vielleicht eher rätselhaft wirken. Das soll auch so sein.

- Frage 1: Welche Rolle spielt die Kleidung für unsere/eure Attraktivität?
- Frage 2: Was ist das Schlimmste, wodurch man andere zurückstößt bzw. von sich fernhält?
- Frage 3: Wie viele beste Freunde braucht man?
- Frage 4: Dürfen Freunde streiten bzw. unterschiedlicher Meinung sein?
- Frage 5: Wie oft muss man einem Freund verzeihen?
- Frage 6: Wie erkennt man falsche Freunde?
- Frage 7: Sollten Freunde dasselbe Geschlecht haben?
- Frage 8: Welche Freundschaften halten lebenslänglich?
- Frage 9: Wie unterscheiden sich Freundschaft und Liebe?
- Frage 10: Manche Menschen glauben, dass Freundschaft zu den wichtigsten Erfindungen der Menschheit gehört. Haben sie recht?

### Anmerkung

Die Gruppe kann die Fragen abändern und zuspitzen.

Kapitel 3

# Emotionale Kompetenz

## Was geht mir durch den Kopf?

Unser Gehirn hat die wunderbare Fähigkeit, immer Neues zu lernen, Altes, Überflüssiges zu vergessen und Schäden zu reparieren. Jugendliche benutzen ihr Gehirn auf andere Weise als Erwachsene. Während der Erwachsene sein Stirnhirn dazu benutzt, um nachzudenken, Pläne zu machen, Probleme zu lösen, verlässt sich der Jugendliche vor allem auf den Teil seines Gehirns, in dem die Gefühle verarbeitet werden, die Amygdala. Hier bekommen wir ebenfalls Hinweise, was wir tun sollten, aber diese Hinweise dienen vor allem unseren Sicherheitsbedürfnissen. Wir erhalten Signale, die uns auffordern spontan zu handeln, uns zu verteidigen oder wegzulaufen, jemandem zu vertrauen oder jemanden zu meiden.

### Anleitung

Was geht dir gerade durch den Kopf? Ist das ein Gefühl, ist das ein Gedanke, ein Wunsch, ein Plan? Dein Kopf ist pausenlos aktiv und manchmal ist es ziemlich schwierig zu entscheiden, welche Stimmen in unserem Kopf so wichtig sind, dass wir sie besonders beachten sollten.

Nimm dir ein Blatt Papier und zeichne den Umriss deines Kopfes, möglichst groß, sodass im Inneren viel freier Platz ist. Nun kannst du anfangen all das zu zeigen, was im Augenblick gerade in deinem Kopf vor sich geht. Du kannst das mit Worten tun, aber auch mit Bildern und/oder Zeichen. Du kannst durch Farben und die Art deiner Darstellung zeigen, was besonders wichtig ist bzw. was besonders viel Aufmerksamkeit beansprucht. Bitte denke daran, dass sowohl Gedanken als auch Gefühle wichtig sind. (15 Min.)

### Auswertung

Komm mit einem Partner zusammen und erkläre ihm die geheimnisvolle Welt in deinem Kopf, die niemand so gut kennt wie du.

## Empfindlichkeiten

Jeder von uns hat eine Achillesferse, einen besonders sensiblen Bereich, wo wir uns verletzlich fühlen, wo es vielleicht alte Narben und Verletzungen gibt, Zweifel und Schamgefühle. Wenn jemand unsanft unsere wunden Punkte berührt, dann kann das eine starke emotionale Reaktion auslösen, wie z.B. Zorn, Trauer, Angst, Aggression, Depression, Wut. Alle diese Fälle haben etwas gemeinsam: In der Vergangenheit gab es ein Ereignis, das uns so erschüttert hat, dass es tiefe Spuren in unserem Gehirn hinterlassen hat. Wir alle haben solche Empfindlichkeiten und wir sollten sie kennen.

### Anleitung

Jeder von uns ist auf seine Weise verletzlich, ängstlich, irritierbar. Verschiedene Dinge können uns aus dem Gleichgewicht bringen. Wir sind dann nicht länger cool, sondern wir lassen uns zu unbedachten Worten oder Taten hinreißen. Bitte denke einen Augenblick darüber nach, was dich aus der Ruhe bringen kann.

- Was ärgert dich?
- Was verletzt dich?
- Was macht dich wütend?
- Was beleidigt und/oder kränkt dich?

Deine starke emotionale Reaktion wird entweder durch eine Bemerkung oder durch die Handlungsweise eines anderen Menschen, durch ein Ereignis oder durch eine Beobachtung ausgelöst. Oft ist es nicht leicht herauszufinden, was deine Gefühle veranlasst so zu übertreiben. In dem Film «Ein Fisch Namens Wanda» zeigt einer der Ganoven mit schöner Deutlichkeit, wo er verwundbar ist. Er kennt keine Angst, aber wenn jemand zu ihm sagt: «Du bist dumm», dann rastet er aus.

Schreibe drei verschiedene Ereignisse auf, die in dir emotionalen Alarm auslösen. Beschreibe auch, welche Reaktionen im Körper mit dieser Empfindung verbunden sind. (10 Min.)

Und nun erfinde eine kurze Geschichte, in der ein Mensch die emotionale Kontrolle über sich verliert und nicht in der Lage ist, seine Gefühle zu bändigen. (15 Min.)

### Auswertung

Einzelne Geschichten können vorgelesen und besprochen werden.

## Wenn ein Gefühl fehlt

Die Natur hat dafür gesorgt, dass wir ein ganzes Orchester innerer Stimmen mit uns herumtragen, die ein breites Spektrum an Gefühlen in uns auslösen können, vom Hass bis zur grenzenlosen Hilfs- und Opferbereitschaft. Leider behandeln wir unsere eigenen Gefühle nicht immer gerecht. Wir verdrängen unsere unangenehmen Emotionen und sorgen auf diese Weise für Schwierigkeiten in unserem Leben.

Es gibt tatsächlich Menschen, bei denen das eine oder andere Gefühl fehlt oder nur schwach entwickelt ist. Sie leiden sehr unter diesem Defizit und auch für diejenigen, die mit ihnen zu tun haben, entstehen dadurch erhebliche Schwierigkeiten.

### Anleitung

Nimm dir bitte ein Blatt Papier und notiere vier verschiedene Gefühle, die du auch selbst immer wieder erlebst. (2 Min.)

Nun erfinde einen Menschen, vielleicht einen Jungen oder ein Mädchen, der/die von einem ungewöhnlichen Symptom betroffen ist. In seinem/ihrem Gehirn und in seinem Organismus fehlt eines der Gefühle, die du gerade aufgeschrieben hast. Wie wirkt sich dieser Umstand auf das Leben dieses Menschen aus? Beschreibe einen Tag im Leben dieses Jugendlichen. Du kannst die Person von außen beschreiben, du kannst sie aber auch zu Wort kommen lassen, indem sie einen Text für ihr Tagebuch verfasst oder indem sie einem Freund oder einem Familienmitglied einen Brief schreibt. (15 Min.)

### Auswertung

Die Geschichten werden im Plenum vorgelesen und kurz besprochen.

## Schmerzen

Schmerz ist ein wichtiger Schutz. Er ist ein Signal, das uns warnt und uns auffordert, etwas anders zu machen. Schmerz ist auch als Kontrastgefühl wichtig, damit wir Freude und Genuss intensiv erleben können. Schmerz kann ein starker Impuls sein, zu lernen und über sich hinauszuwachsen.

### Anleitung

Denk an eine Zeit in deinem Leben nach, wo du Schmerzen empfunden hast, seelisch oder körperlich. Wie alt warst du damals? Versetz dich in der Phantasie wieder in dieses Alter zurück und stell dir vor, dass du diesen Schmerz noch einmal erlebst. Schreibe eine Tagebuchnotiz und berichte, wo du bist, unter welcher Art Schmerz du leidest und was dich vielleicht tröstet. (10 Min.)

Bleib noch einen Moment in dieser Zeit deines Lebens und entschließ dich, einen Brief zu schreiben. Teile irgendeinem Menschen mit, wie es dir mit dem Schmerz geht und sage ihm alles, was du damals nicht ausdrücken konntest, weil dir die Worte dafür fehlten. (10 Min.)

### Auswertung

Die Teilnehmer kommen in Paaren zusammen. Jeder kann einen Text seiner Wahl vorstellen. Der Partner soll vor allem gut zuhören, aber keine Ratschläge geben.

## Entscheidungen

Auf Schritt und Tritt müssen wir uns entscheiden. Jede Entscheidung kostet Kraft. Darum sollten wir uns davor hüten, zu viele Entscheidungen gleichzeitig zu treffen. Das bewahrt uns vor innerer Erschöpfung.

**Anleitung**

Geh in der Phantasie in eine Zeit deines Lebens zurück, in der du wichtige Entscheidungen getroffen hast.

Konzentriere dich auf eine einzelne wichtige Entscheidung und beschreibe dich aus der Perspektive eines höheren Wesens. Das kann dein Schutzengel sein, ein guter Geist, ein Engel oder der Geist eines deiner Vorfahren. Dieses Wesen soll dich in der dritten Person Singular beschreiben. Sie weiß mehr, als du damals gewusst hast, sie kennt die Umstände, sie weiß, wie es weitergeht. Vielleicht ist dieses Wesen auch bereit, ihre persönliche Meinung auszudrücken, was sie über deine Entscheidung denkt bzw. was für andere Möglichkeiten du hattest. Lass diese Person dir auch Respekt ausdrücken für deinen den Mut dich zu entscheiden und die Konsequenzen auf dich zu nehmen. (10 Min.)

**Auswertung**

Die Teilnehmer kommen in Trios zusammen und lesen sich ihre Texte gegenseitig vor.

# Emotionale Autobiografie

Unser Gedächtnis wird in hohem Maße von unseren Gefühlen geleitet. Wir erinnern uns an die Dinge, die für uns emotional wichtig waren, an Erfreuliches wie Belastendes. Manchmal schieben wir Ereignisse ins Unbewusste, die besonders schmerzlich und verstörend waren. Insgesamt merken wie uns die Meilensteine unseres Lebens ziemlich gut.

Unsere emotionale Autobiografie erzählt nicht in erster Linie die historische Wahrheit, sondern eher unsere persönliche Entwicklung. Wer mich verstehen will, der muss diese ganz spezielle Autobiografie kennen.

Wenn wir so einen Text schreiben, dann können wir mit einem solchen Dokument zeigen: Das bin ich, so war mein Leben. Wir empfinden Stolz und Dankbarkeit.

Gleichzeitig können wir uns Gedanken darüber machen, wie es mit uns weitergehen soll. Möchte ich die Richtung meines Lebens etwas ändern?

## Anleitung

Immer mehr jüngere Menschen schreiben heute ihre Biografie. Früher war das ein Privileg der Senioren. Wenn heute so viele junge Menschen schon in ihren Zwanzigern eine Lebensbilanz ziehen, dann sind dafür zwei Motive denkbar. Die Biografie enthält eine Botschaft an die Fans, an Freunde und Feinde. Sie soll erklären, um Verständnis werben, beeindrucken, Respekt verschaffen.

Das andere Motiv ist vermutlich Selbsterkenntnis. Indem wir unsere Lebensgeschichte aufschreiben, legen wir eine Pause ein und betrachten in Ruhe die zurückliegende Zeit. Wir können uns dann verschiedene Fragen stellen:

- Womit bin ich zufrieden?
- Was fehlt mir?
- Wie soll es weitergehen?
- Was muss ich noch lernen?
- Was ist der Sinn meines Lebens?

Alle diese Fragen müssen wir irgendwann beantworten, wenn wir erfolgreich und glücklich werden wollen.

Nimm dir ein Blatt Papier und notiere die Überschrift: Meine emotionale Autobiografie.

Der erste Satz deiner Biografie beginnt mit den Worten: Ich heiße…

Schreibe mindestens eine Seite über dein Leben, über deine persönliche Entwicklung, über Höhen und Tiefen, über Erfolge und Misserfolge, über Freundschaften und Feindschaften. Notiere solche Ereignisse und Personen, die unvergesslich für dich sind.

Es ist nicht notwendig, dass du dein Leben chronologisch erzählst. Unser Gehirn hat häufig andere Ordnungsprinzipien. Du kannst ruhig deiner Intuition folgen und die Dinge so aufschreiben, wie sie dir spontan einfallen. (20-30 Min.)

**Auswertung**

Die Teilnehmer kommen in Paaren zusammen und lesen sich ihre Texte vor.

Anschließend können im Plenum einzelne Freiwillige ihre Aufzeichnungen vorlesen. Dabei ist es wichtig, dass die Zuhörer eine nicht wertende Haltung einnehmen. Jeder Text verdient Respekt und Wohlwollen.

# Mein Leben als Tier

Dies ist eine poetische Variation der emotionalen Autobiografie. Jeder wählt ein Tier aus, das sich ihm als Symbol anbietet. Wenn wir unser Leben aus dieser Perspektive beschreiben, dann kann das ein spannendes Abenteuer sein. Unser Geist liebt das Neue und verabscheut Routine. Das Interesse an der eigenen Entwicklung kann dadurch einen kräftigen Anstoß bekommen.

**Anleitung**

Bitte nimm dir ein Blatt Papier und schreibe folgende Überschrift auf: «Mein Leben als Tier». Der Text soll Einblick geben in dein alltägliches Leben als dieses Tier. Dabei können folgende Gesichtspunkte eine Rolle spielen:

- Was gibt mir Sicherheit?
- Mit welchen Gefahren muss ich rechnen?
- Was tue ich am liebsten?
- Wie stelle ich mir die Zukunft vor?
- Wer sind meine Freunde?
- Worüber mache ich mir Sorgen?
- Worauf bin ich stolz?

Schreibe zehn Minuten lang und versuche dein Leben aus der Perspektive des von dir gewählten Tieres zu beschreiben. Schreib einfach auf, was dir einfällt, und mach dir keine Gedanken über die Ordnung deines Textes. Das Leben ist bunt und so darf auch dein Text sein.

**Auswertung**

Die Teilnehmer kommen in Trios zusammen und lesen sich gegenseitig ihre Texte vor.

Anschließend bekommen möglichst viele Teilnehmer Gelegenheit, ihre Texte im Plenum vorzulesen.

# Wut und Ärger

Ärger ist kein angenehmes Gefühl, aber manchmal ist Ärger auch nützlich. Er gibt uns zu verstehen, dass wir etwas unbedingt beachten müssen. Sehr oft geht es um verletzte Gefühle. Dann haben wir die Wahl: Sagen wir es der Person sofort, dass wir uns von ihr verletzt fühlen? Sprechen wir darüber, dass wir uns unfair behandelt fühlen? Oder legen wir erst eine Pause ein und denken darüber nach, wie wir unseren Ärger konstruktiv mitteilen können?

Manchmal reagieren wir auf Ärger spontan aggressiv, greifen unser Gegenüber verbal an, machen es lächerlich oder bedrohen es sogar körperlich. Das wirkt dann eher kontraproduktiv.

Genauso schädlich ist es jedoch, wenn wir unseren Ärger nach innen wenden, gegen uns selbst. Dann reagieren wir deprimiert, ziehen uns zurück, essen vielleicht aus Frustration, greifen zu einer Droge o.Ä. Wir tun dann Dinge, die uns ablenken und die uns nicht gut tun.

Noch komplizierter wird die Situation, wenn alter, unerledigter Ärger aus der Vergangenheit sich mit frischem Ärger mischt. Dann besteht die Gefahr, dass wir ungebremst handeln. Dann brauchen wir dringend eine Pause, um unsere Gefühle zu beruhigen, damit wir wieder klar denken können.

Der Wertebogen in dieser Übung kann helfen, eine bessere Übersicht über die eigenen Gefühle zu entwickeln.

### Anleitung

Ärger und Wut sind Gefühle, die mit Vorsicht zu genießen sind. Wenn wir diese sehr starken Gefühle spontan ausdrücken, dann zerschlagen wir oft seelisches Porzellan, das schwer zu reparieren ist. Eigentlich wollen diese Gefühle uns schützen und unsere Interessen wahren. Das können sie jedoch nur dann, wenn wir unseren Ärger vernünftig dosieren. Spontane Wutausbrüche führen fast immer zu Kämpfen und in den meisten Kämpfen verlieren alle Beteiligten.

Du bekommst gleich einen Wertebogen und du hast zwanzig Minuten Zeit für die Bearbeitung.

### Auswertung

Die Teilnehmer kommen in Paaren zusammen und jeder hat das Recht, eines der Themen aus dem Wertebogen zu besprechen.

## Wertebogen «Wut und Ärger»

Ergänze bitte die folgenden Sätze (auf einem gesonderten Blatt):

1. Ich ärgere mich oft über…
2. Ich werde wütend oder ärgerlich, wenn…
3. Ich kann mir nicht vorstellen, dass…
4. Ich habe Angst davor, dass…
5. Ich fühle mich verletzt, wenn…
6. Wenn ich keine Rücksicht nehmen müsste, würde ich…
7. Am schlimmsten war es, als…
8. Ich fühle mich verletzt, wenn…
9. Ich fühle mich machtlos, wenn…
10. Zum Glück fühle ich mich manchmal stark, wenn ich…
11. Am meisten stört mich, wenn/dass…
12. Wenn ich einen Wunsch frei hätte, dann würde ich…
13. Der wütendste Mensch, den ich kenne, ist…
14. Ich versuche, meine Aggressionen zu zügeln, indem ich...
15. Um meinen Ärger in den Griff zu kriegen, würde ich gern lernen…

# Ärgerprävention

Wie kann chronischer oder spontaner Ärger abgemildert bzw. aufgelöst werden? Wir brauchen Gewohnheiten, die auch dann funktionieren, wenn wir in Stress geraten. Ärger tritt häufig überraschend auf und wir können leichter die Ruhe bewahren, wenn wir in einer guten Verfassung sind, wenn wir gesund sind, gute Beziehungen haben und ein erfülltes Leben genießen. Wenn wir von einer Position des Wohlbefindens ausgehen können, dann fällt es uns leichter, unseren Ärger zu zähmen. Wir haben deshalb einige wichtige Grundsätze zusammengestellt, die uns «ärgerfest» machen können.

## Anleitung

Wer von plötzlichem Ärger überrascht wird, der hat es leichter, wenn er gelernt hat, akute Belastungen auszuhalten und abzubauen. Wir können einer solchen Person das Prädikat «ärgerfest» geben. Sie verfügt nämlich über Eigenschaften die es ihr gestatten, relativ schnell auf eigenen und fremden Ärger entspannt zu reagieren. Die Frage lohnt sich also: Wie werde ich «ärgerfest»?

Wir haben einen Wertebogen für dich zusammengestellt, der dir andeuten kann, was du gegebenenfalls noch lernen solltest. Kreuze bitte die Punkte an, die eine persönliche Bedeutung für dich haben. Wähle dann eine Empfehlung aus und beschreibe die Veränderungen in deinem Leben, die dadurch bewirkt werden können. Schreibe zehn Minuten darüber. (10 Min.)

## Auswertung

Die Teilnehmer kommen in Paaren zusammen und sagen einander, welche Empfehlungen für sie besonders wichtig sind. Außerdem soll jeder seinen Text vorlesen.

## Wertebogen «Ärgerprävention»

Es gibt Menschen, die durch Kritik oder Vorwürfe nicht so leicht aus der Ruhe zu bringen sind. Die meisten von uns entwickeln jedoch starke ärgerliche Gefühle, wenn sie sich kritisiert fühlen. Für uns alle ist es gut, wenn wir für innere Ausgeglichenheit sorgen, um uns gegen eigenen und fremden Ärger zu immunisieren. Im Folgenden findest du Vorschläge, wie du das erreichen kannst.

1. Meditation: Durch tägliche Meditation kann dein Geist sich tief erholen. Außerdem kannst du in der Meditation eine philosophische Haltung, so etwas wie Weisheit entwickeln. Meditation hat eine bemerkenswerte Wirkung. Die buddhistischen Mönche entwickeln insbesondere zwei Tugenden, nämlich Mitgefühl und Furchtlosigkeit. Dadurch verfügen sie über Respekt und Selbstbewusstsein.
2. Entspannung: Durch tägliche, wiederholte Entspannung beruhigst du deine Gefühle. Bewusstes Atmen stärkt dein Nervensystem.
3. Positives Denken: Positives Denken bedeutet, dass du versuchst, in allem was geschieht, einen Sinn zu entdecken. Das stabilisiert dich und weckt deine Kreativität. Außerdem wirst du leichter Freunde finden, die dein Leben bereichern.
4. Spiel: Spiel gibt uns die Gelegenheit, uns zu entspannen, locker zu werden, Sorgen zu vergessen und die Stimme der eigenen Kreativität zu hören.
5. Schlaf: Unsere Willensstärke, Konzentrationsfähigkeit und Kreativität sind erschöpfbar und benötigen Ruhepausen. Eine Pause von zehn Minuten etwa alle neunzig Minuten kann uns helfen, verbrauchte Energiereserven zu ergänzen. In der Nacht brauchen wir ausreichend tiefen Schlaf, damit unser Gehirn die Erlebnisse des Tages «aufräumen» und unser Organismus kleinere Reparaturen durchführen kann.
6. Bewegung: Jede Art von Bewegung reduziert unseren Stress. Es genügen kurze Intervalle, in denen wir unsere Muskulatur, unsere Gelenke und das gesamte Skelett bewegen. Der Körper ist auf Bewegung angewiesen, um Organe und Gelenke funktionsfähig zu halten. Außerdem erzeugt Bewegung Botenstoffe in unserem Körper, die gute Gefühle und Optimismus erzeugen. Auf diese Weise sorgt die Natur dafür, dass wir immer von neuem Lust bekommen,

uns zu bewegen. Langes Sitzen ist belastend und für den Körper nicht gesund.

7. Positive Beziehungen: Wir alle brauchen enge und freundliche Beziehungen. Wir haben das Bedürfnis nach verbaler Anerkennung und freundlicher Berührung. Dann werden in unserem Organismus Botenstoffe erzeugt, die uns Sicherheit schenken und Glücksgefühle. Das Gefühl, isoliert oder ausgeschlossen zu sein, macht uns unglücklich, schwächt unser Immunsystem und verkürzt das Leben.
8. Motivation: Individuelles Interesse und Motivation geben uns das Gefühl, auf dem richtigen Weg zu sein. Wir haben dann Lust, uns zu engagieren und unsere Begabungen einzusetzen. Wenn wir einen Sinn in unserer Existenz finden können, entwickeln wir die Energie, auch mit Niederlagen und Krisen fertig zu werden.
9. Optimismus: Wir werden immer wieder auf Schwierigkeiten stoßen und uns bedroht fühlen. Wenn wir über genügend innere Widerstandskraft (Resilienz) verfügen, dann sind wir überzeugt, dass wir eine Lösung finden werden. Auch bei schweren Verlusten sind wir in der Lage, diese zu akzeptieren und in den Schwierigkeiten neue Chancen zu entdecken. Optimismus, Geduld und Bescheidenheit sind die besten Mittel gegen Passivität und Hilflosigkeit.

**Aufgaben:**

1. Welche Empfehlungen sprechen dich besonders an? Beschreibe, wie dein Leben in zehn Jahren aussehen könnte, wenn du diesen Empfehlungen folgtest.
2. Finde für die Gesamtheit dieser Empfehlungen ein Symbol. Zeichne es und bewahre es an einem passenden Ort auf.

# Ärger entschärfen

Ärger ist ein wichtiges Gefühl. Er kann uns helfen, für unsere Interessen einzutreten, uns zu schützen und zu verteidigen. Aber er kann auch zu Passivität und hilflosem Protest führen, zu Nörgelei und Wehklagen, dann nämlich, wenn das Grundgefühl Hilflosigkeit ist. Besondere Aufmerksamkeit ist geboten, wenn wir explosiven oder chronischen Ärger erleben. Optimal ist eine Reaktion der Akzeptanz. Wir kehren dann zu einer objektiven Haltung zurück und reflektieren darüber, auf welche Weise wir das Ärgersignal für uns nutzen wollen. Gute Lösungen dienen nicht nur unseren eigenen Interessen, sondern sie berücksichtigen auch die Gefühle und Bedürfnisse der in den Ärger verwickelten Personen. Ärger mit Ärger zu begegnen, ist wenig erfolgversprechend. Der Mutige sucht nach Wegen, wie alle Beteiligten neuen Frieden finden können.

Jugendliche erleben oft explosiven Ärger. Sie haben Schwierigkeiten, ihre Gefühle zu kontrollieren und ihre Aufregung zu regulieren. Da sie sich häufig unsicher und unterlegen fühlen, fällt es ihnen schwer, an die eigene Widerstandskraft zu glauben und an die Kraft der Geduld.

**Anleitung**

Ich möchte dir eine Möglichkeit zeigen, wie du plötzlichen Ärger kontrollieren kannst. Ungebremste Wut kann dich leicht dazu verführen, etwas Unbedachtes zu tun, so schadest du dir selbst oder bringst andere Menschen gegen dich auf. Ungebremster Ärger ist ein starkes Gefühl, das uns manchmal vorgaukelt, dass wir andere bestrafen können, die «böse» waren, die uns provoziert, beleidigt oder verletzt haben. Die meisten Strafaktionen schaden uns jedoch selbst am meisten. Darum ist es besser, wenn wir frischen und starken Ärger kontrollieren.

Setz dich bequem hin und schließ die Augen. Atme ein Mal langsam aus. Nun erinnere dich an eine Situation, in der starker, wilder Ärger in dir aufwallte und du Lust hattest, zu explodieren oder Gewalt anzuwenden.

Lass diese Erinnerung zusammen mit den unangenehmen Gefühlen in dir aufsteigen. Bemerke, wie die Erinnerung dazu führt, dass du deine Muskeln anspannst. Spüre die Versuchung, dich zu rächen, die Person, über die du dich ärgerst, anzugreifen. Lass dieses Gefühl in dir aufsteigen und kritisiere dich nicht dafür. Du kannst den Ärger als Beweis deiner inneren Entschlossenheit und als Charakterstärke betrachten. Genieße deine Kraft, den Ärger zurückzuhalten und zu bändigen.

Und nun leg bitte eine kurze Pause ein. Nimm dir Zeit für fünf tiefe Atemzüge. Und während du tief ein und ausatmest, sag zu dir selbst: «Jedes Mal, wenn ich einatme, atme ich Gelassenheit ein. Und jedes Mal, wenn ich ausatme, lasse ich frustrierte Gefühle aus mir hinausfließen.»

Nun wiederhole das bitte noch drei Mal.

Und nun leg Daumen und Zeigefinger einer Hand zum Okay-Symbol zusammen und sag im Stillen: «Ich habe die Situation im Griff... ich entscheide mich für Ruhe und Kontrolle... Ich finde später einen Weg, diesen Konflikt zu bereinigen...»

Bitte wiederhole diesen Schritt noch drei Mal und spüre die magische Kraft, die du dadurch gewinnst. Verlass dich darauf, dass du in diesem Augenblick eine besondere Ausstrahlung hast. Du zeigst dich nämlich in der Haltung des Selbstbewussten.

Und nun kannst du diese und andere Schwierigkeiten ganz neu betrachten und daran glauben, dass Ruhe das beste Mittel ist, eine Lösung zu finden.

Öffne in deinem eigenen Rhythmus die Augen und sei wieder hier, erfrischt und wach.

Und um dies alles gut in dir zu verankern, schreib jetzt eine kurze Notiz an deine Eltern oder an eine andere Person. Berichte, was du verstanden hast und beschreibe, wie sich das auf deine Zukunft auswirken kann. (10 Min.)

### Auswertung

Die Teilnehmer kommen zu Paaren zusammen und tauschen sich aus.

## Depression

Jeder kennt Episoden der Mutlosigkeit, des Selbstzweifels, der Hoffnungslosigkeit. Das ist normal und ein Zeichen dafür, dass unsere Gefühle aktiv sind. Allerdings sollte eine Episode der Depression nicht zu lange andauern. Wenn wir uns genügend Zeit nehmen, unsere Kräfte zu regenerieren, dann lösen sich dunkle Stimmungen von selbst auf. Manchmal ist es hilfreich, wenn wir uns mit der Depression unterhalten und sie als Botschaft unseres Unbewussten betrachten.

### Anleitung

Wie nennst du das Gefühl, wenn du dich schwach fühlst, niedergeschlagen, passiv, hilflos? Manche Menschen nennen eine solche Stimmung Depression. Sie möchten sich dann am liebsten verkriechen oder unsichtbar werden.

Wie bei allen Gefühlen ist es gut, wenn wir zuhören, was uns eine Depression zu sagen hat. Manche Menschen hören dann vielleicht Folgendes:

«Ich bin deine Depression. Ich spiele von Zeit zu Zeit eine wichtige Rolle in deinem Leben. Ich komme und gehe, wie es mir gefällt. Ich weiß, dass du mich nicht besonders magst. Du möchtest am liebsten ohne mich leben, aber ich bin zäh und es ist schwer für dich, mich loszuwerden. Ich kann mir nicht vorstellen, dass du das irgendwann einmal schaffst. Immerhin sorge ich dafür, dass du nicht übermütig wirst.

Ich will dich jetzt an meine Stärke und Kraft erinnern. Manchmal bin ich so tief wie das Meer und so wenig zu stoppen, wie eine Sturmflut. Wenn ich mich mit dem Gefühl der Trauer verbinde, dann habe ich besonders viel Gewalt über dich. Dann musst du weinen und manchmal weißt du nicht warum. Du spürst nur, dass dir Freude und Vergnügen genommen werden. Das finde ich auch gut so, denn ich möchte nicht, dass du allzu glücklich bist. Manchmal möchte ich dir zeigen, dass ich viel stärker bin, als die Gefühle von Glück und Erfolg. Das Glück ist flüchtig, aber ich kann dich lange begleiten.

Aber es gibt in dir auch eine Stimme, die das Leben schön und sinnvoll findet, nämlich die Stimme der Hoffnung:

«Ich bin der Gegenspieler der Depression. Ich freue mich, wenn es dir gutgeht und wenn du dich stark und aktiv fühlst. Ich möchte, dass du mehr auf mich hörst, als auf die Depression. Ich zeige dir die schönen Dinge des Lebens, sodass du gute Gefühle bekommst. Ich sorge dafür, dass du an dich selbst glaubst und dass du dankbar bist für Freunde, Familie und Unterstützer. Ich bin nicht in der Lage, alles Unglück und alles Negative in der Welt auszurotten, aber ich kann Mut machen, dass die Menschen sich gegenseitig helfen und reparieren, was sie kaputt gemacht haben. Ich sorge dafür, dass du nach vorn schaust und dich darauf freust, dass nach jeder dunklen Nacht ein heller Tag beginnt. Ich bin dankbar dafür, dass die Menschen Mitgefühl haben und dass sie bereit sind, einander zu helfen. Ich bin glücklich darüber, dass es das Gefühl der Liebe gibt, dass es so etwas gibt, wie Respekt und Fürsorge. Ich möchte dir keine Illusionen machen. Auch die Hoffnung kann das Leid nicht abschaffen, aber ich kann dir zeigen, wie du immer wieder Freude und Glück erleben kannst.»

Alle Gefühle möchten von uns beachtet werden. Sie sind zum Dialog bereit. Es liegt an uns, diesen Dialog zu beginnen.

Wenn du dich mit deinen Gefühlen unterhältst, dann kannst du dich verändern und du wirst sehen, dass auch die Gefühle sich verändern. Der Dialog mit deinen Gefühlen macht dich lebendig und stark. Und so könnte ein Gespräch zwischen dir und deiner Depression klingen:

*«Hallo Depression! Manchmal übertreibst du und machst dich größer, als du bist. Du bist nicht so wichtig in meinem Leben, wie du glaubst. Ich brauche dich nicht zum überleben. Vielleicht brauche ich dich manchmal, um nicht übermütig zu werden oder unbescheiden. Es gab Zeiten, wo du mich ständig begleitet hast, aber jetzt wünsche ich mir mehr Abstand. Ich weiß, dass ich Hoffnung brauche und dass ich das Recht habe, glücklich zu sein. Ich brauche dich nicht als ständigen Begleiter. Ich werde Erfolg im Leben haben und wenn du wieder auf mich zukommst, dann werde ich dich nur eine kurze Zeit ertragen, ehe ich dich vertreibe. Ich weiß, dass es sinnvoll ist, wenn ich manchmal traurig bin, aber ständige Depression ist nicht das was ich will. Also gewöhne dich an den Gedanken, dass du mich seltener sehen wirst.»*

Schreib nun bitte deinen ganz persönlichen eigenen Dialog mit deiner Depression. Lass dir für diesen Dialog fünfzehn Minuten Zeit. (15 Min.)

**Auswertung**

Die Teilnehmer kommen in Paaren zusammen und lesen einander ihre Dialoge vor.

Im Plenum können einige Freiwillige ihre Auseinandersetzung mit der Depression vorstellen.

(In ähnlicher Weise kann auch ein Dialog mit der Hoffnung geführt werden. Beide Dialoge können dafür sorgen, dass das Gefühl der inneren Widerstandskraft gestärkt wird.)

## Ein schmerzlicher Verlust

Wenn wir einen wichtigen Menschen verlieren, dann ist das ein Anlass zur Trauer. Wir können dieses Gefühl ausdrücken und erwarten, dass einige Zeit vergehen muss, bis wir den Verlust verschmerzt haben. Es fällt uns leichter, Abschied zu nehmen, wenn wir uns klar machen, was wir der Person verdanken. Wichtig ist auch, dass wir die Dinge ausdrücken, die unerledigt und ungesagt geblieben sind. Jugendliche sind oft in der Gefahr, sich für den Verlust einer Person schuldig zu fühlen. Damit diese überflüssige Belastung nicht eintritt, ist es wichtig, bewusst Abschied zu nehmen. Der Wertebogen «Ein schmerzlicher Verlust» kann helfen, einen Abschied unsentimental und würdig zu begleiten.

### Anleitung

Abschied zu nehmen, gehört zu den großen Schwierigkeiten des Lebens. Wir leiden darunter, wenn wir wichtige Menschen verlieren, durch Tod, durch Scheidung, durch das Ende einer Liebesbeziehung, durch einen Umzug oder durch eine andere Art der Trennung. Manchmal haben wir den Eindruck, dass wir einen Teil von uns selbst verlieren, unsere Fähigkeit glücklich zu sein, unsere Lust am Leben, unsere Sicherheit.

Was immer wir verlieren, es entsteht eine Wunde. Die Wunde kann sich leichter schließen und heilen, wenn wir die Schritte befolgen, die in dem Wertebogen vorgeschlagen werden. Bitte beantworte die Fragen und lass dir dafür zwanzig Minuten Zeit. (20 Min.)

### Auswertung

Die Teilnehmer kommen in Paaren zusammen und begeben sich, wenn es die Umstände erlauben, auf einen meditativen Spaziergang von dreißig Minuten Dauer. Jeder hat das Recht, fünfzehn Minuten über den Verlust zu sprechen, mit dem er sich auseinandergesetzt hat.

Der Partner hört schweigend zu und verzichtet auf Fragen und Kommentare. Ganz am Ende des Spaziergangs kann eine kurze Rückmeldung gegeben werden.

## Wertebogen «Ein schmerzlicher Verlust»

Bitte beantworte die folgenden Fragen auf einem gesonderten Blatt:

1. Wen oder was hast du verloren?
2. Wie kam es zu diesem Verlust?
3. Was ereignete sich in deinem Leben, als dieser Verlust eintrat?
4. Wo warst du zu diesem Zeitpunkt?
5. Was konntest du der Person nicht mehr sagen? Was hast du noch auf dem Herzen, was du jetzt sagen möchtest?
6. Was bleibt dir von dieser Beziehung? Wofür bist du dankbar?
7. Gibt es irgendetwas, was du dieser Person vergeben möchtest?
8. Möchtest du dich für etwas entschuldigen und um Vergebung bitten?
9. Formuliere eine Inschrift für eine Gedenktafel oder einen Grabstein. Welche Worte wählst du?

## Abschied nehmen

Wenn der Tod uns einen geliebten Menschen raubt, dann reagieren viele von uns mit Protest: Warum musste das passieren? Wieso muss ich diesen Verlust erleiden? Dieser Tod ist ungerecht und sinnlos... usw.

Solange wir protestieren, kommen wir innerlich nicht zur Ruhe. Doch wenn wir trauern und uns dem Schicksal beugen, kommt ein Prozess in Gang, in dem wir den Tod akzeptieren und den Verlust hinnehmen. Diese Haltung können wir leichter einnehmen, wenn wir mit dem Verstorbenen Kontakt aufnehmen und uns bei ihm für alles bedanken, was wir von ihm bekommen haben. Der Akt des Dankens hat eine magische Kraft. Wir sorgen für Gerechtigkeit und geben dem Toten, was ihm zukommt. Auf diese Weise findet er Ruhe und wir selbst befreien uns von den Schuldgefühlen des Überlebenden, denn die Frage ist ja naheliegend: Warum hat es nicht mich getroffen? Verdiene ich dieses bessere Schicksal? Usw.

### Anleitung

Denk einen Augenblick darüber nach, welche Menschen du durch den Tod verloren hast. Denk an die Menschen in deiner Familie und schließ auch diejenigen ein, die du nicht persönlich kennenlernen konntest. Auch sie gehören zu deinen Vorfahren und bilden gemeinsam das Fundament, auf dem du stehst. Du kannst aber auch an tote Freunde oder Lehrer denken, ja auch an tote Haustiere, wenn sie einen wichtigen Platz in deinem Herzen eingenommen haben. Finde ein Wesen, das eine große Lücke in deinem Leben zurückgelassen hat.

Und nun kannst du etwas nachholen, was du wahrscheinlich bisher versäumt hast. Du kannst dem Toten einen Brief schreiben, in dem du Abschied nimmst und dich für alles bedankst, was du von dieser Person/ diesem Tier bekommen hast. Auf diese Weise erweist du ihm den Respekt, den er verdient. Dankbarkeit wird zwar oft empfunden, aber zu selten ausgedrückt. Wenn Dankbarkeit mit Worten ausgedrückt wird, dann kann sie uns das Gefühl von Frieden und Hoffnung geben.

Die Dankbarkeit gehört zu den bedeutenden rituellen Gefühlen, die in der Geschichte der Menschheit schon ganz früh eine bedeutende Rolle gespielt haben. Am Anfang waren die Menschen der Sonne dankbar für ihre Wärme, sie waren der Erde dankbar für ihre Fruchtbarkeit und sie waren Göttern und Geistern dankbar für Schutz und Führung. Dies gab ihnen die Sicherheit, dass es etwas gab, was größer, stabiler und unvergänglicher war, als sie selbst.

Lass dir zwanzig Minuten Zeit und bedanke dich in einem Brief bei einem unvergessenen Toten für alles, was du ihm verdankst. (20 Min.)

### Auswertung

Die Teilnehmer kommen in Paaren zusammen und besprechen ihre Reaktion. Dabei können sie sich gegenseitig aus den Briefen an den unvergessenen Toten vorzulesen.

Bei einer kleineren Gruppe ist es angebracht, wenn einige Freiwillige im Plenum ihre Briefe vorlesen oder daraus zitieren.

## Verluste

In unserem Leben gibt es Zeiten von Gewinn und Zeiten von Verlust. Ohne Verluste gäbe es keine Entwicklung und keine Geschichte. Verluste machen Platz. Altes, das nicht mehr gebraucht wird, das sich nicht mehr bewährt, das so viele Wünsche offen gelassen hat, tritt ab und gibt dem Neuen eine Chance. Der Untergang des Alten macht Platz für das Neue. Ohne Verluste würde das Leben auf der Erde ersticken. Unsere Vorfahren lebten in einer Zeit des Mangels und sie hüteten deshalb ihren Besitz, ihre Ernte, ihre Erfindungen. In einer Mangelwirtschaft hängt das Leben davon ab. Aus diesen Zeiten stammt vermutlich unsere Angst vor Verlusten.

Jugendliche sind zwar fasziniert von allem, was neu ist, sie sind neugierig und wissensdurstig, sie schätzen den Thrill des Risikos. Gleichzeitig brauchen sie eine sichere Basis, verlässliche Beziehungen, um dort immer wieder Schutz zu finden.

### Anleitung

Das Leben bringt uns immer wieder etwas Neues. Aber das Neue braucht Platz und darum verlieren wir Dinge und Menschen, an die wir uns gewöhnt haben und die wichtig für uns waren. Am Anfang empfinden wir Schmerz und Trauer. Erst mit der Zeit erkennen wir, dass jeder Verlust auch etwas Positives mit sich bringt.

Denke einen Augenblick an die Dinge, die du in den letzten Jahren verloren hast:

- Du bist an einen anderen Ort gezogen und hast alte Freunde verloren.
- Deine Eltern haben sich getrennt.
- Eine Freundschaft ist durch einen Streit zerbrochen.
- Eine Hoffnung, die du begraben musstest, usw.

Nimm dir ein Blatt Papier und zeichne in die Mitte einen Kreis. Male in die Mitte das, was du verloren hast. Wenn du willst, kannst du auch ein paar Worte dazu schreiben.

Und nun überlege bitte, welche Schwierigkeiten, welche schmerzlichen Veränderungen durch den Verlust eingetreten sind. Zeichne diese Belastungen an den äußeren Rand des Kreises. Aber da ist genug Platz, für das Neue, was durch den Verlust möglich wird. (15 Min.)

**Auswertung**

Die Teilnehmer kommen in Trios zusammen und besprechen ihre Bilder. Im Plenum kann das Thema ausgeweitet werden.

- Welche Verluste beobachten wir in der Gesellschaft?
- Welche Verluste sind in Politik, Kunst und Wissenschaft entstanden?
- Welche Verluste bringt die Globalisierung?
- Welche positiven Neuanfänge konnte ich in der letzten Zeit beobachten?

# Einen Verlust untersuchen

Wenn wir etwas verlieren, das uns wichtig war, dann erleben wir heftige Gefühle und unsere Gedanken geraten durcheinander. So geht es vielen Menschen und das ist kein Zeichen von Schwäche. Es ist ein Beweis dafür, dass wir lebendig sind und dass unsere Gefühle genau das tun, was sie tun sollen. Sie veranlassen uns innezuhalten und unseren Verlust zu verarbeiten.

Diese Übung besteht aus zwei Teilen. Im ersten Teil machen wir die Teilnehmer auf häufig auftretende Verluste aufmerksam. (Wertebogen: Auswirkungen von Verlusten)

Im zweiten Teil sollen die Teilnehmer nonstop zehn bis zwanzig Minuten über einen schmerzlichen Verlust schreiben.

**Anleitung**

Wenn wir etwas Wichtiges verlieren, z.B. eine Freundschaft, wenn wir krank werden, wenn wir eine Prüfung nicht bestehen, wenn wir eine Kündigung erhalten, dann können wir schnell unsere gewohnte Sicherheit verlieren.

Du bekommst gleich einen Wertebogen. Kreuze bitte die Punkte an, die dir bekannt vorkommen. (15 Min.)

Und nun nimm dir ein Blatt Papier. Du sollst dir nämlich selbst einen Brief schreiben. Stell dir vor, dass es dein Schutzengel ist, der dir die Worte eingibt und der beim Schreiben deine Hand führt. Der Schutzengel ist dein bester Freund. Er liebt dich und will dein Bestes. Er ist weise und verständnisvoll. Er kennt sich mit Verlusten aus und er weiß, worauf es ankommt. Dein Schutzengel kennt dich gut. Er kennt deine persönlichen Schwierigkeiten bei der Bewältigung von Verlusten. Darum schreibt er dir diesen Brief. Es geht darin um einen Verlust, den du noch nicht überwunden hast. Versuche die Stimme deines Schutzengels zu hören und lass dir von ihm den Text diktieren.

Schreibe möglichst spontan und ohne Unterbrechungen. (15 Min.)

**Auswertung**

Die Teilnehmer kommen anschließend in Quartetten zusammen und tauschen sich über ihre Gefühle und Gedanken am Ende dieser Übung aus. Wer will, kann seinen Brief vorlesen.

## Wertebogen «Auswirkungen von Verlusten»

Bitte lies die folgenden Sätze durch und kreuze die Punkte an, die du nachvollziehen kannst.

Nach einem Verlust

- werden wir oft von starken Gefühlen überschwemmt. Trauer, Hoffnungslosigkeit, Angst, aber auch Aggression und Wut melden sich. Hinzu können körperliche Reaktionen kommen: Schmerzen in Herz oder Kopf, Rückenschmerzen, Appetitlosigkeit, plötzlicher Heißhunger, Schlaflosigkeit, Apathie.
- gerät unser Tagesablauf oft durcheinander und unsere Zeiteinteilung gerät aus den Fugen. Wir werden schnell müde oder können nicht einschlafen.
- breitet sich fast immer in uns ein Gefühl der Niedergeschlagenheit, Hilflosigkeit, Lustlosigkeit, Gleichgültigkeit aus.
- sehnen wir uns nach dem alten Zustand und möchten die Zeit zurückdrehen.
- befällt uns ein Zustand der Taubheit, in dem wir nichts mehr fühlen.
- ist unsere Trauer manchmal so groß, dass wir ununterbrochen weinen.
- steigern sich viele Menschen in ein Gefühl des Ärgers und der Wut. Sie suchen Schuldige, die ihr Leid herbeigeführt oder nicht verhindert haben.
- fürchtest du dich vor der Zukunft und rechnest damit, dass alles noch schlimmer wird, während du vorher positive Erwartungen an die Zukunft hattest.
- fühlen wir uns oft kraftlos und nicht in der Lage, Entscheidungen zu treffen oder unser Leben zu ordnen.
- kann die Trauer zu Lebensüberdruss führen und sogar zu einer Todessehnsucht.
- ist es besonders gravierend, wenn wir denken, dass unser Leben nun keinen Sinn mehr hat und wertlos geworden ist.

- kommt es auch vor, dass wir Dinge bereuen, von denen wir glauben, dass sie den Verlust verursacht haben.
- geben wir uns manchmal selbst die Hauptschuld und fühlen uns wertlos und zu recht bestraft
- verfolgen uns oft Schamgefühle. Wir betrachten den Verlust als Beweis für unsere Minderwertigkeit. (Wir verdienen es nicht besser.)

Solche Gedanken belasten viele Menschen. Wer von einem schweren Verlust getroffen ist, der braucht Mitgefühl. Ein anderer Mensch kann uns vor dem Gefühl der Einsamkeit bewahren und uns vielleicht helfen, unser Leid zu akzeptieren.

# Trauer

Verluste können wir am besten bewältigen, wenn wir nicht dagegen protestieren, sondern den Verlust akzeptieren. Akzeptanz bedeutet mehr als passives Hinnehmen. Wir brauchen ein Abschiedsritual, durch das wir die Person, die wir verloren haben, würdigen, uns bei ihr bedanken und ihr unsere Bereitschaft zur Vergebung kundtun. Eine solche Reflexion sorgt für eine gewisse Gerechtigkeit. Erst wenn wir dem Toten gerecht geworden sind, finden wir Ruhe und Frieden. Die Toten unseres Lebens begleiten uns bis zu unserem eigenen Ende. Wenn wir dabei positive Gefühle haben können, dann ist das ein Mittel gegen die Einsamkeit.

### Anleitung

Bitte denk an einen Menschen aus deinem Leben, den du verloren hast. Vielleicht ist dieser Mensch gestorben, vielleicht ist er in eine andere Stadt gezogen oder ihr habt euch einfach aus den Augen verloren. Es soll jemand sein, der so wichtig für dich war, dass dir der Verlust wehgetan hat. Schau dir den Wertebogen an und beantworte dann die einzelnen Punkte. (20 Min.)

### Auswertung

Die Teilnehmer kommen in Paaren zusammen und tauschen sich aus. Jeder kann entscheiden, ob er seine Antworten zu besonders wichtigen Punkten vorlesen möchte. Im Plenum kann die Frage diskutiert werden: Warum ist es psychologisch so wichtig, dass wir uns an die Toten erinnern und versuchen, ihnen gerecht zu werden?

## Wertebogen «Trauer»

Notiere bitte den Namen eines wichtigen Menschen, den du verloren hast, oben auf ein Blatt Papier und schreibe darunter zu jedem der unten genannten Punkte ein paar Stichworte auf.

1. Beschreibe, wie es zwischen euch war, bevor der Verlust eintrat.

2. Was war an der Beziehung besonders wertvoll und schön für dich?

3. Welchen Teil deiner Person hast du dadurch verloren, dass dieser Mensch nicht mehr an deinem Leben teilhat?

4. Nimm Abschied von der Person und drücke deine Gefühle und Gedanken aufrichtig aus.

5. Was würde der Betreffende jetzt zu dir sagen, wenn er lesen könnte, was du geschrieben hast?

6. Danke der verlorenen Person für alles, was du von ihr bekommen hast.

7. Bitte sie um Vergebung, falls du sie verletzt oder vergessen hast.

8. Vergib auch selbst diesem geliebtem Menschen.

9. Wünsche ihm Frieden und Ruhe; und wünsche dir dasselbe.

## Stress

Stress ist auch für Jugendliche und junge Erwachsene zum großen Problem geworden. Trotz aller technischen Fortschritte haben wir alle zuwenig Zeit, um Muße zu genießen, zu spielen und kreativ zu sein. Wir versuchen, erfolgreich zu sein und vernachlässigen unsere persönlichen Bedürfnisse. Wir vergessen, dass das Leben kein Wettkampf ist. Wir verlieren die Fähigkeit, uns an den kleinen Geschenken des Lebens zu freuen. Darum vermissen wir das Gefühl von Zufriedenheit und Glück. Wir halten Ausschau nach dem Neuen, weil wir uns leer und unbefriedigt fühlen. Aber Glück zeigt sich nur im Augenblick. Glücklich ist, wer das akzeptieren kann, was ihm das Leben gerade in diesem Augenblick schenkt. Stress ist schlecht für unseren Geist, für unsere Seele, für unsere Gesundheit. Stress macht das Negative schlimmer und vergiftet das Positive.

Ein erster Schritt in die richtige Richtung kann das bewusste Atmen sein. Wenn wir drei Mal langsam ausatmen, können wir bereits feststellen, dass wir uns ruhiger und freier fühlen.

### Anleitung

Stress ist ein Gespenst, das dem Fortschritt auf dem Fuße folgt. Wie im Märchen begnügen wir uns nicht mit einer kleinen Portion Glück, sondern wir wollen mehr davon. Unser grenzenloser Appetit sorgt dafür, dass wir nie satt werden. Wir erzeugen unseren Stress selbst. Ganz kleine Kinder kennen keinen Stress. Sie leben im Augenblick und haben daher die Fähigkeit, grenzenlos zu genießen. Du bist wie wir alle ein Experte für Stress. Darum kann es dir helfen, wenn du dir klar darüber wirst, wie dein Stress entsteht.

Fülle bitte den Wertebogen aus. Nimm dir dafür fünfzehn Minuten Zeit. (15 Min.)

### Auswertung

Die Teilnehmer kommen in Trios zusammen und sprechen über ihre Erfahrungen mit Stress. Welche Methoden empfinden sie als hilfreich beim Abbau von Stress?

## Wertebogen «Stress»

- Ich flippe aus und explodiere, wenn ich folgende Worte höre: . . . .

  . . . . . . . . . . . . . . . . . . . . . . . . . . . . . . . . . . . . . . . . . . . . . . . .

- Wenn jemand mich herumkommandieren will, dann empfinde ich:

  . . . . . . . . . . . . . . . . . . . . . . . . . . . . . . . . . . . . . . . . . . . . . . . .

- Ich rege mich auf, wenn . . . . . . . . . . . . . . . . . . . . . . . . . . . . . . .

  . . . . . . . . . . . . . . . . . . . . . . . . . . . . . . . . . . . . . . . . . . . . . . . .

- Ich raste aus, wenn . . . . . . . . . . . . . . . . . . . . . . . . . . . . . . . . . .

  . . . . . . . . . . . . . . . . . . . . . . . . . . . . . . . . . . . . . . . . . . . . . . . .

- Es würde mir besser gehen, wenn. . . . . . . . . . . . . . . . . . . . . . . . . .

  . . . . . . . . . . . . . . . . . . . . . . . . . . . . . . . . . . . . . . . . . . . . . . . .

- Ich brauche eine bessere Balance, ich brauche mehr . . . . . . . . . . . .

  und weniger . . . . . . . . . . . . . . . . . . . . . . . . . . . . . . . . . . . . . . .

- Am meisten belastet mich. . . . . . . . . . . . . . . . . . . . . . . . . . . . . . .

  . . . . . . . . . . . . . . . . . . . . . . . . . . . . . . . . . . . . . . . . . . . . . . . .

- Mir selbst gegenüber sollte ich. . . . . . . . . . . . . . . . . . . . . . . . . . .

  . . . . . . . . . . . . . . . . . . . . . . . . . . . . . . . . . . . . . . . . . . . . . . . .

- In meiner Kindheitsfamilie litt ich besonders unter Stress, wenn . .

  . . . . . . . . . . . . . . . . . . . . . . . . . . . . . . . . . . . . . . . . . . . . . . . .

- Manchmal möchte ich wie der Dalai Lama sein oder wie Mutter Theresa. Am meisten bewundere ich an ihnen . . . . . . . . . . . . . . . . . .

  . . . . . . . . . . . . . . . . . . . . . . . . . . . . . . . . . . . . . . . . . . . . . . . .

- Bei zu viel Stress reagiert mein Körper mit . . . . . . . . . . . . . . . . . .

  . . . . . . . . . . . . . . . . . . . . . . . . . . . . . . . . . . . . . . . . . . . . . . . .

- Ich bin nachtragend und empfindlich, besonders wenn . . . . . . . . . .

  . . . . . . . . . . . . . . . . . . . . . . . . . . . . . . . . . . . . . . . . . . . . . . . .

## Zur Ruhe kommen

Meditation ist eine wirksame Methode, um mit Stress umzugehen. Sie gibt uns die Gelegenheit, ein neues Zeitgefühl zu entwickeln. Wir konzentrieren unsere gesamte Aufmerksamkeit auf den gegenwärtigen Augenblick. Dadurch kehrt Ruhe ein.

### Anleitung

Ich will dir eine Methode zeigen, wie du Stress abbauen, dich entspannen und zur Ruhe kommen kannst.

Nimm dir so viel Zeit, wie du brauchst, um dich bequem hinzusetzen oder, noch besser, um dich bequem auf den Boden zu legen, auf einen weichen Untergrund. Leg dich auf die Seite und roll dich gemütlich zusammen.

Nun kannst du deinen Augen gestatten, sich in ihrem Tempo zu schließen, und du kannst deinem ganzen Körper die Erlaubnis geben loszulassen. Genieße das Atmen und die Entspannung und schenke dir selbst ein Lächeln.

Lass los und lass gut sein. Lass alles zur Ruhe kommen und stell dir vor, dass du ein Baby bist, ein kleines Kind wenn du willst, sogar ein ungeborenes Kind im Bauch der Mutter, ohne die Vorstellung von Zeit und Raum. Genieße Sicherheit und Schutz, wenn du in der Geborgenheit der mütterlichen Liebe schwebst, vollkommen frei von den Aufgaben des Erwachsenen, frei von Rollen und Vorschriften, ganz entspannt im gegenwärtigen Augenblick.

Lass dich von der Zeitlosigkeit dieses Augenblicks verwöhnen und einhüllen in Frieden und Zufriedenheit.

Du spürst Sicherheit, Geborgenheit, Liebe. Hier ist der Anfang für das Gefühl, dass du später Heimat nennen wirst. Die Uhr deines Lebens hat hier einen ganz eigenen Rhythmus. Du lebst jenseits der Zeit, jenseits der Sprache, in der Vollkommenheit unschuldiger Existenz.

Du lebst im Augenblick, du bist zu Hause. Und diese Ruhe kann dir Zuversicht schenken. (1 Min.)

Nun geh in der Phantasie ans Ende deiner Reise. Stell dir vor, dass du dein Leben vollendet hast und begraben bist. Auch hier kannst du den tiefen Schlaf im Schoß von Mutter Erde genießen, jenseits aller Unruhe gewohnten Lebens. Getan ist, was getan werden musste, und du bist zurückgekehrt zu den Anfängen, zu den Quellen, zur Ruhe.

Jenseits von Leben und Tod, hinter dem Kommen und Gehen wartet das Geheimnis eines heiligen Augenblicks.

Und wenn du bereit bist, dann kannst du aus diesem Zustand tiefer Ruhe wieder auftauchen und in deinem eigenen Rhythmus die Augen öffnen. Sei wieder hier, erfrischt und wach.

Und nun nimm dir ein Blatt Papier und ein paar Ölkreiden. Wähle ein Wort, das diese Geborgenheit im Augenblick ausdrückt, diese Ruhe, diesen Frieden. Schreib dieses Wort in großen Buchstaben auf oder finde ein Symbol für das Wort und male es.

Anschließend kannst du dir fünf Minuten Zeit nehmen, um daraus eine kleine Komposition zu machen, eine Botschaft, die uns allen sagt, dass Ruhe und innerer Frieden möglich sind. (5 Min.)

## Ängste und Befürchtungen

Angst kann uns das Leben retten, indem sie uns vor Übermut und Hybris bewahrt. Aber neurotische Angst kann uns in einen Käfig sperren, in dem unsere Talente und Begabungen verkümmern. Mit Hilfe eines Wertebogens geben wir den Teilnehmern Gelegenheit zu einer ehrlichen Bestandsaufnahme.

### Anleitung

Niemand ist ohne Angst. Jeder Mensch hat ein untrügliches Gefühl für seine Verletzlichkeit. Das Gefühl der Angst dient unserem Schutz. Aber oft übertreiben wir dieses überaus nützliche Gefühl. Was ich emotional fixiere, das wird stärker, auch meine Ängste. Darum sollst du gleich untersuchen, wie du es mit Angst und Befürchtungen hältst. Bitte beantworte die Fragen des Wertebogens. (15 Min.)

### Auswertung

Die Teilnehmer kommen in Paaren zusammen und vergleichen ihre Antworten. Das ist eine wunderbare Gelegenheit, einander kennenzulernen. Im Plenum kann die Frage ergänzt werden: Welches sind die kollektiven Ängste, die unsere Gesellschaft plagen?

## Wertebogen «Ängste und Befürchtungen»

Bitte beantworte die folgenden Fragen (auf einem gesonderten Blatt):

1. Wovor hast du Angst? Nenne drei schwere Befürchtungen.
2. Wovor hast du keine Angst mehr?
3. Welcher wiederkehrende Albtraum plagt dich?
4. Vor welcher Krankheit fürchtest du dich ab und zu?
5. Beschreibe die gefährlichste Situation deines Lebens.
6. In welcher Zeit deines Lebens war das Leben für dich am schwierigsten?
7. Wer oder was hat dir bisher am besten geholfen, eine Krise oder ein Unglück zu überstehen?
8. Welches ist dein eigenes Rezept gegen Angst, das dir bisher gut geholfen hat?
9. Freust du dich darauf, erwachsen zu werden oder möchtest du lieber so alt bleiben, wie du gerade bist?
10. Was denkst du über das Altern?
11. Welche Vorteile genießen ältere Menschen?
12. Wenn wir etwas zum ersten Mal tun, dann ist das manchmal riskant. Wann hast du zuletzt etwas Neues ausprobiert?
13. Lebst du so, wie du leben möchtest? Was macht es dir schwer, das Leben deiner Träume zu führen?

## Graffitiwand

Für diese Übung brauchen Sie einen sehr großen Bogen Papier, der an einer Wand befestigt wird. Die Teilnehmer benutzen Filzschreiber oder Ölkreiden. Sie können diese Übung zu Beginn einer Sitzung vorschlagen, um die Stimmung einzufangen, aber auch in einer Arbeitsphase, in der die Teilnehmer an eigenen Projekten arbeiten. Sie bekommen einen guten Überblick über die Situation der Gruppe. Unangenehme Dinge können hier mit leichter Hand angemerkt werden. Insofern ist «Graffitiwand» auch ein gutes Ventil für schwierige Gefühle.

### Anleitung

Unsere Vorfahren haben irgendwann in Höhlen gelebt. Dort waren sie sicher vor Wind und Wetter, aber auch vor wilden Tieren. Und schon ganz früh haben Kinder, Männer und Frauen damit begonnen, Graffitis auf die Wände ihrer Höhle zu malen, mit Holzkohle oder mit scharfkantigen Steinen. So konnten sie zum Ausdruck bringen, was sie sich wünschten, wovor sie Angst hatten, worüber sie sich freuten, wofür sie dankbar waren. Der Wunsch, sich durch Graffitibotschaften auszudrücken, ist fest in uns verankert.

Ich lade euch jetzt zu einem Gruppengraffiti ein. Nehmt euch einen geeigneten Stift und schreibt auf, was die Gruppe und was ich wissen sollte. Ihr könnt Vorschläge machen, eure Gefühle ausdrücken, Beschwerden, Glückwünsche, Hoffnungen, Ärger und Störungen äußern, was immer euch einfällt. (10 Min.)

## Wertschätzung

Jugendliche haben ein großes Bedürfnis nach Wertschätzung vonseiten ihrer Gleichaltrigen, aber auch vonseiten der Erwachsenen. Dieses Bedürfnis hängt auch mit ihrer Verletzlichkeit zusammen und ihrer Unsicherheit, welchen Platz sie in der Gemeinschaft einnehmen, wieweit sie gemocht oder respektiert werden. Nicht dazuzugehören oder abgelehnt zu werden, ist für die meisten Jugendlichen eine schreckliche Vorstellung.

In dieser Übung soll positives Feedback stattfinden. Das macht die Teilnehmer hellwach und jeder wartet hoffnungsvoll, etwas Freundliches über sich zu hören.

Bei dieser Übung sollte der Gruppenleiter mitmachen. Er kann dann die Teilnehmer ins Spiel bringen, die von der Gruppe eventuell übersprungen wurden.

Sie benötigen einen Ball oder ein anderes Objekt, das sich zum Werfen eignet.

### Anleitung

Bitte stellt die Stühle zur Seite und euch selbst im Kreis auf. Wir werden gleich ein Spiel ausprobieren, das sehr alt ist und überall gespielt wurde. Dabei gibt es einfache Regeln. Wer den Ball in der Hand hält, der wählt sich ein anderes Gruppenmitglied aus, das diesen bekommen soll.

- Entweder man überreicht den Ball oder man wirft ihn einem anderen zu.
- Bevor der Ball weitergegeben wird, sagt der Spieler, warum er froh ist, dass die andere Person in der Gruppe ist und inwiefern die Gruppe durch sie bereichert wird.
- Wer den Ball bekommen hat, sagt einfach Danke und schaut sich dann im Kreis um, um jemanden zu finden, dem er den Ball zuwerfen und dem er seine Wertschätzung ausdrücken will.
- Es ist möglich, dass ein Teilnehmer mehr als einmal den Ball bekommt, aber es ist wünschenswert, dass möglichst niemand in unserer Gruppe übersehen wird.

## Gute Erinnerungen

Positive Erinnerungen können Schmerzen heilen, aufgeregte Gefühle beruhigen und Hoffnung machen. Damit diese gute Wirkung erzielt wird, müssen wir uns unsere Erinnerungen häufiger ins Gedächtnis rufen. Dann bekommen sie ihre segensreiche Kraft.

**Anleitung**

Mach es dir auf deinem Platz bequem und schließ die Augen. Atme einmal langsam aus.

Stell dir vor, dass du durch einen verzauberten Wald gehst. Es sind die ersten Tage im Herbst und das Laub der Bäume leuchtet in kräftigen Farben: rot, orange, gelb und braun.

Von Zeit zu Zeit fällt ein Blatt vom Baum, dabei tanzt es um die eigene Achse, oder gleitet elegant zu Boden.

Vor dir siehst du eine kleine Hütte. Aus dem Schornstein steigt Rauch auf. Die ganze Hütte sieht so freundlich aus, dass du Lust hast, näherzutreten und die Tür zu öffnen.

Du spürst Neugier. Vielleicht fragst du: «Ist da jemand?» Aber du kannst niemanden entdecken.

Du trittst ein und schaust dich um. Dein Blick fällt auf einen Kamin, in dem ein Feuer brennt.

Du atmest tief ein und spürst den würzigen Geruch von trockenem Holz. Diesen Duft kennst du aus früheren Zeiten, von deinen Reisen, von Ferienzeiten und von Zeltlagern. In der Mitte des Raumes steht ein massiver Tisch. Darauf liegt ein schön gerahmter Spiegel.

Betrachte den Spiegel genauer. Bemerke Größe und Rahmen. Dieser Spiegel hat ein Geheimnis. Es ist der Spiegel der guten Erinnerungen.

Schau nun in den Spiegel und erinnere dich an eine Zeit in deinem Leben, wo du sehr, sehr glücklich warst. Schau genau hin und lass mehr und mehr Erinnerungen in dir aufsteigen.

Was hörst du? Was siehst du? Achte auch darauf, was du riechen kannst und spüre, wie die guten Gefühle von damals sich jetzt neu in deinem Körper ausbreiten. (30 Sek.)

Und wenn du nun bereit bist, kannst du den Spiegel wieder zurücklegen. Dreh ihn um.

Jetzt gibt es eine kleine Überraschung. Auf der Rückseite des Spiegels steht etwas geschrieben. Es ist eine Botschaft an dich und du kannst sie entziffern. Vielleicht hörst du sogar, dass irgendeine Stimme dir diese Botschaft vorliest. Empfange die Botschaft und merke sie dir, damit du später darüber nachdenken kannst. (30 Sek.)

Nun ist es Zeit, dass du von deinem Ausflug hierher zurückkehrst.

Und wenn du bereit bist, dann komm jetzt mit deiner Aufmerksamkeit hier in diesen Raum zurück und öffne in deinem eigenen Rhythmus die Augen.

Du kannst nun wählen, ob du von deiner Phantasiereise lieber ein Bild malen oder einen Text dazu schreiben willst, vielleicht in der Art einer Tagebuchnotiz oder eines Gedichts. Oder du schreibst einen Brief an dich selbst!

# Alkohol und Drogen

Unangenehme Gefühle blenden wir gern aus. Wenn wir etwas geduldiger wären, dann könnten wir beobachten, dass auch negative Gefühle nicht permanent sind, sondern kommen und gehen. Wer glaubt, dass er keine Zeit hat, die natürliche Entwicklung seiner Gefühle zu erleben, der greift leichter zu Alkohol oder Drogen. Sie dämpfen unerwünschte Gefühle für den Augenblick und ändern sozusagen auf Knopfdruck unsere Stimmung. Viele Jugendliche sind in der Gefahr, den Weg auf diese Weise abzukürzen, um schmerzliche Gefühle zu vergessen.

Der Wertebogen – Alkohol und Drogen – dient zur Selbstreflexion und als Gesprächsgrundlage in der Gruppe.

**Anleitung**

Jugendliche lernen nicht, kontrolliert mit Rauschmitteln umzugehen. Warum sind Alkohol und Drogen unter Umständen gefährlicher, als man denkt? Hier die beiden wichtigsten Gründe:

- Rauschmittel führen oft schneller als erwartet zu einer psychologischen Abhängigkeit und zu einer Schwächung des freien Willens.
- Rauschmittel können das Gehirn schädigen, vor allem, wenn sie falsch dosiert werden.

Leider schützt uns die Gesellschaft kaum vor Drogen und Alkohol. Das gilt für Menschen jeder Altersgruppe. Darum ist es wichtig, eine intelligente Haltung dazu zu entwickeln. Am meisten profitieren diejenigen von Alkohol und Drogen, die Rauschmittel produzieren und verkaufen.

Ich habe einen Wertebogen vorbereitet und du hast zehn Minuten Zeit, um ihn zu bearbeiten. Nachher hast du Gelegenheit, deine Antworten mit den Antworten anderer Gruppenmitglieder zu vergleichen. Gemeinsam könnt ihr so die geheimnisvolle Macht von Rauschmitteln erforschen.

**Auswertung**

Die Teilnehmer kommen in Quartetten zusammen und vergleichen ihre Antworten.

## Wertebogen «Alkohol und Drogen»

Ein Selbsttest

1. Trinkst du Alkohol?
- Falls ja, wie oft?

2. Nimmst du Drogen?
- Wenn ja, welche?

3. Warum trinkst du Alkohol oder nimmst Drogen?
- Um «cool» zu sein?
- Damit du zu deinen Freunden passt?
- Um Schmerzen zu betäuben?
- Um intensive Gefühle zu erleben?

4. Falls du Rauschmittel nimmst, um dich besser zu fühlen?
- Was bedrückt dich?
- Worüber regst du dich auf?

5. Welches ist deine Lieblingsdroge bzw. dein bevorzugter Alkohol?
- Was gefällt dir an diesem Rauschmittel?

6. Greifst du zu bestimmten Zeiten zu Alkohol oder Drogen?

7. Haben sich Alkohol oder Drogen auf dein Lernen ausgewirkt?

8. Sind deine Zensuren seitdem schlechter geworden?

9. Hast du das Interesse am Lernen und an Schule oder Ausbildung verloren?

10. Hat das Trinken oder der Drogenkonsum dazu geführt, dass du jetzt andere Freunde hast?

11. Hat das Trinken oder der Drogenkonsum dazu geführt, dass du nicht mehr an deiner Familie interessiert bist?

12. Reagierst du zunehmend allergisch und empfindlich auf deine Eltern, Lehrer oder andere Autoritätspersonen?

13. Begehst du manchmal kleine Diebstähle oder verkaufst Dinge aus eurem Haushalt, um Geld für Stoff oder Alkohol zu haben?

14. Hattest du jemals Ärger mit dem Gesetz, z.B. weil du alkoholisiert oder unter Drogeneinfluss Auto gefahren bist?

Wenn du die meisten dieser Fragen mit ja beantwortet hast, dann hast du möglicherweise ein ernstes Problem. Dann solltest du mit einem Psychologen, mit einem Berater oder Therapeuten sprechen. Auch eine Selbsthilfegruppe kann eine gute Unterstützung sein.

## Ein Brief von meinem Schutzengel

Der beste Schutz gegen Alkohol oder Drogenmissbrauch ist es, wenn wir uns die eigene Verletzlichkeit zugestehen. In unserer Gesellschaft gibt es einen Kult der Stärke und der Unverletzlichkeit. Darum unterdrücken wir oft reflexartig Empfindungen von Schwäche. Besonders Jugendliche neigen dazu. Sie kompensieren ihre Empfindlichkeit durch Mutproben, Risikosport, riskante Vergnügungen. Sie machen sich auf diese Weise Mut und vergessen, dass es in ihnen ein ängstliches, schutzbedürftiges kleines Kind gibt, das Geborgenheit braucht.

**Anleitung**

Stell dir vor, dass du einen Schutzengel hast. Fallen dir Gelegenheiten ein, bei denen du nur knapp einem ernsthaften Unglück oder dem Tod entgangen bist? Du kannst sagen: «Das war Glück.» Aber du kannst auch sagen: «Das war mein treuer Schutzengel.» Dein Schutzengel tut sein Möglichstes, um dir beizustehen. Das bedeutet aber nicht, dass er bereit ist, aus dir einen Helden oder einen Supermann zu machen. In der Regel ist der Schutzengel zufrieden, wenn du ein ganz normaler Mensch bist, der sein Leben genießt und versucht, auch für andere hilfreich zu sein. Der Schutzengel weiß alles über dich, er kann dir ins Herz schauen, er sieht alles, was du tust und was du denkst, und er kann auch in dein Unbewusstes sehen. Aber der Schutzengel beurteilt dich nicht und er betrachtet deine Handlungen nicht nach dem Maßstab von Gut und Böse. Er kann dich nicht vor dem Tod bewahren. Aber er kann dafür sorgen, dass du besser auf dich aufpasst.

Dein Schutzengel hat ein besonderes Interesse daran, dich vor dir selbst zu beschützen. Dazu benötigt er deine Mitarbeit und du musst bereit sein, seine Vorschläge und seine Hilfestellung anzunehmen.

Du kennst deinen Schutzengel gut, weil er dich schon oft beschützt hat.

Stell dir nun bitte vor, dass dein Schutzengel dir einen Brief schreibt. Darin äußert er seine Meinung zu deinem Umgang mit Alkohol und Drogen. Der Schutzengel schreibt so, dass du ihn verstehen kannst, taktvoll, aber ohne ein Blatt vor den Mund zu nehmen.

Lass dir zwanzig Minuten Zeit, um diesen Brief an dich selbst zu schreiben. Finde zum Schluss auch einen passenden Namen für deinen Schutzengel. (20 Min.)

### Auswertung

Diese Briefe sind intime Dokumente. Sie können deshalb ruhig privat bleiben. Die Teilnehmer kommen in Paaren zusammen und tauschen sich darüber aus, was ihnen wichtig ist.

# Sex

Die Sexualität ist ein zentrales Thema im Leben jedes Heranwachsenden. Die Frage der eigenen Attraktivität treibt uns schon früh um und die Suche nach unserer sexuellen Identität begleitet uns weit ins Erwachsenenalter hinein. Dies sind Fragen, auf die die Jugendlichen von ihren Bezugspersonen kaum befriedigende Antworten erhalten. Umso wichtiger ist es, hier Kriterien zu entwickeln und bewusst zu machen.

**Anleitung**

Sex ist eine Himmelsmacht, die uns in den Himmel oder in die Hölle führen kann. Die sexuelle Intelligenz der meisten Menschen ist schwach entwickelt und auf diesem Gebiet lernen wir langsam, denn Sex ist tricky, wir können uns bärenstark fühlen und im nächsten Moment überempfindlich. Und es gibt wenig Rituale und Vorbilder, die uns zur Orientierung dienen können. Ich habe einen Wertebogen zum Thema Sex vorbereitet und bitte euch, die einzelnen Punkte auf einem gesonderten Blatt zu beantworten.

**Auswertung**

Die Antworten sollten im Wesentlichen anonym bleiben. Wenn die Teilnehmer in Paaren zusammenkommen, kann jeder einen oder zwei Punkte auswählen, über die er mit dem Partner sprechen möchte.

## Wertebogen «Sex»

1. Welcher Typ Mensch interessiert sich normalerweise für dich? Finde drei Adjektive für Jungen bzw. Mädchen, die dich attraktiv finden.
2. Und nun beschreibe kurz deinen eigenen Idealtyp. Finde ebenfalls drei Adjektive für ihn.
3. Was finden andere an deiner äußeren Erscheinung attraktiv? Wofür bekommst du am häufigsten Komplimente?
4. Welche intellektuellen Stärken findest du selbst bei einem Partner attraktiv?
5. Welche seelische Qualität zieht dich an?
6. Wie viele Sexualpartner hast du bisher in deinem Leben gehabt?
7. Was haben dich deine Eltern über Sex gelehrt, direkt oder indirekt?
8. Was war die Philosophie deines Vaters in punkto Sex? Was war die Philosophie deiner Mutter?
9. Mit wem hättest du lieber nicht geschlafen?
10. Mit wem hättest du gern schlafen wollen?
11. Welche sexuelle Phantasie geht dir häufig durch den Kopf?
12. Welche sexuelle Phantasie hat sich für dich erfüllt?
13. Welches sind die Vorzüge von Treue?
14. Welches sind die Nachteile von Treue?
15. Mit welchem Partner/welcher Partnerin wurde aus Sex Liebe?
16. Wie lange brauchst du, damit zur Liebe Sex hinzukommt?
17. Welche Menschen kommen als Sexpartner für dich nicht in Frage?
18. Wie eifersüchtig bist du?
19. Hast du einem Partner/einer Partnerin schon einmal Treulosigkeit vergeben?
20. Welches sind deiner Meinung nach die Voraussetzungen für eine lange und gute Beziehung?
21. Welche Rolle spielt Respekt in deiner Beziehung?
22. Wie feinfühlig kannst du zuhören?

# Verletzungen

Wer das Opfer von Gewalt wird, erleidet eine seelische Erschütterung. Das Vertrauen in ein gütiges Schicksal zerbricht und braucht lange, um erneut zu entstehen. Opfer fühlen sich hilflos und oft auch schuldig. Manchmal glauben sie, dass sie ihr Unglück verdienten, weil sie irgendetwas Schlechtes getan haben. Opfer denken lange darüber nach, wie sie den Übergriff hätten verhindern können. Ein erster Schritt zur Heilung ist eine neue Perspektive: «Was ich erlitten habe, ist nicht meine Schuld.»

Wenn Opfer von Gewalt Gelegenheit haben, über ihr Martyrium zu sprechen, lernen sie, ihre Gefühle von Scham und Schuld zu verstehen. Wenn ihnen klar ist, dass sie selbst keine Schuld trifft, dann können sie Gefühle wie Ärger, Zorn oder Trauer zulassen. Mit der Zeit können sie Mitgefühl mit sich selbst entwickeln und das Bedürfnis nach Rache und Strafe kann sich auflösen.

Je eher die Opfer über ihre Erfahrungen sprechen können, desto heilsamer ist es. Und auch wer selbst keine Gewalt erlebt hat, kann von solchen Berichten profitieren. Jeder von uns muss Wege finden, mit extremen Verlusten und Enttäuschungen zurechtzukommen.

Auf dem Wertebogen – «Verletzungen» können die Teilnehmer die Geschichte einer großen Enttäuschung, einer schweren Verletzung oder eines Missbrauchs skizzieren.

## Anleitung

Enttäuschungen, Verluste, Verletzungen oder Missbrauch kommen in jedem Leben vor. Wenn wir diese traurigen Ereignisse nicht verdrängen, sondern darüber schreiben oder sprechen, dann haben wir bessere Aussichten, dass unsere seelischen Wunden heilen. Ich habe einen Wertebogen vorbereitet und bitte euch, die Fragen in Ruhe schriftlich zu beantworten. (20 Min.)

## Auswertung

Die Teilnehmer kommen in Paaren zusammen und tauschen sich aus. Sie können entscheiden, ob sie die Antworten aus dem Wertebogen vorlesen oder ob sie frei darüber sprechen wollen.

## Wertebogen «Verletzungen»

Schreibe auf einem Extrablatt auf, was dir zu den folgenden Punkten durch den Kopf geht.

1. Ein Ereignis, bei dem ich körperlich oder seelisch verletzt wurde:
2. Meine Gefühle, mit denen ich auf die Verletzung reagiert habe:
3. Ich habe mich durch das Ereignis verändert. Die Veränderung möchte ich so beschreiben:
4. Das Ereignis wirkte sich so auf mein Selbstbild aus:
5. Die größte Belastung für mich entstand dadurch, dass...
6. Ich möchte mit meiner Verletzung fertig werden, dazu kann ich selbst folgende Schritte tun:
7. Manchmal wünsche ich mir, dass ich bei anderen mehr Verständnis für meine Verletzung finde:
8. Was ich aus diesem Ereignis gelernt habe:

- Nie wieder will ich...
- In Zukunft will ich dafür sorgen, dass...

Kapitel 4

# Verantwortung

## Selbstständig werden

Ziemlich schnell entwickeln kleine Kinder den Wunsch, unabhängiger von den Eltern zu werden. Das ist nicht leicht. Es befreit, sorgt aber auch für Verwirrung, verursacht Schmerz, sorgt für Aufregung und löst Angst aus. Die Psychologie nennt diesen Vorgang «Individuation». Wir werden selbstständig, indem wir uns selbst definieren. Das bedeutet nicht, dass wir uns auch räumlich von den Eltern trennen. Es geht vor allem um Gefühle und um Werte. Die Trennung bedeutet, dass wir unsere eigenen Grenzen definieren und z.B. nicht länger versuchen, die Eltern zu imitieren.

Dieser Vorgang ist für die meisten Teenager ein wichtiges Thema.

Das emotionale Leben eines Teenagers ist sehr intensiv. Gefühle, die im Mittelpunkt stehen, sind:

- Angst,
- Zorn,
- Begeisterung,
- Verwirrung,
- das Ringen um die eigene Identität,
- Glück/Unglück.

Die Jugend ist eine Zeit des Suchens und des Ausprobierens. Darum ist der Austausch mit Gleichaltrigen besonders wichtig.

Manchmal gelingt es, dass die Beziehung zur Kindheitsfamilie intakt bleibt. In anderen Fällen kommt es zu großen Konflikten zwischen Kindern und Eltern. Viele Eltern fühlen sich missachtet, besonders dann, wenn sie die Unsicherheit ihrer Kinder und ihre emotionalen Schwankungen missverstehen. In dieser Woche müssen Eltern und Kinder widersprüchliche Skills lernen. Sie müssen lernen, Distanz zu gewinnen und gleichzeitig verbunden zu bleiben. Weder Eltern noch Kinder verlieren ihr Bedürfnis nach einer tiefen Verbindung und einer unterstützenden Beziehung.

Während dieses Entwicklungsprozesses werden einige Illusionen aufgegeben. Die Kinder lernen, dass ihre Eltern nicht vollkommen sind. Sie lernen, dass die Eltern Verletzungen aus ihrer eigenen Kindheit mit sich herumtragen. Und die Eltern können mehr und mehr zu der Überzeugung kommen, dass ihre Kinder vielleicht robuster, flexibler und widerstandsfähiger sind, als sie selbst es waren.

Über dem Lernprogramm der Kinder trägt die große Überschrift:

Verantwortung übernehmen. Das bedeutet auch die Bereitschaft, sich dem eigenen Leben anzuvertrauen. Während wir früher auf die Kraft der Eltern vertrauten, müssen wir als Erwachsene Vertrauen in das Leben entwickeln. Dazu gehört auch, dass wir lernen, mit widersprüchlichen Gefühlen umzugehen, dass wir akzeptieren, dass es keine ewigen Wahrheiten gibt, dass wir eigene Fehler und Versäumnisse akzeptieren als notwenige Schritte auf dem Weg zur persönlichen Weisheit. Erwachsen werden bedeutet auch die Erkenntnis, dass Fragen wichtiger sind als Antworten. Und ebenfalls besonders wichtig – der Erwachsene muss die Bereitschaft entwickeln, sich und anderen zu vergeben.

## Anleitung

Selbstständig werden ist ein Leitmotiv für Jugendliche und junge Erwachsene zwischen zehn und zwanzig Jahren. Es ist ein Prozess, der ein Leben lang weitergeht, der manchmal zum Stillstand kommt oder in dem Rückfälle in kindliche Verhaltensmuster möglich sind. Wir möchten die Vorteile der Selbstständigkeit genießen, scheuen aber oft die Anstrengungen und Schmerzen, die damit verbunden sein können. Wir wollen Selbstständigkeit, aber wir wollen nicht den Preis dafür bezahlen. Jeder von uns hat auch einen Hang zu Bequemlichkeit und zu Genuss ohne Anstrengung.

Ich habe einen Wertebogen für dich vorbereitet. Beantworte bitte die Fragen und notiere, was dir spontan einfällt. (20 Min.)

## Auswertung

Die Teilnehmer kommen zu dritt zusammen und jeder hat das Recht, seine Gedanken zu einem der 18 Abschnitte vorzustellen. (15 Min.)

## Wertebogen «Selbstständig werden»

Schreibe auf, was dir zu den folgenden Punkten durch den Kopf geht.

1. Selbstständig werden bedeutet für mich…
2. An dieser Aufgabe irritiert mich vor allem…
3. Der Gedanke, eine Lehre anzutreten, ein Studium zu beginnen und nicht mehr bei den Eltern zu wohnen, löst bei mir gemischte Gefühle aus, vor allem weil…
4. Ich fürchte, dass meine neue Unabhängigkeit dazu führt, dass…
5. Ich weiß, dass ich einige Dinge aufgeben muss, um Verantwortung für mein Leben zu übernehmen. Am meisten Angst habe ich davor, dass…
6. Was ich nie verlieren möchte, ist…
7. Das größte Risiko, das der Abstand zu meiner Familie mit sich bringt, ist…
8. Am meisten vermissen werde ich…
9. Worauf ich gut verzichten kann, ist…
10. Manchmal habe ich Angst davor, dass…
11. Veränderungen sind für mich…
12. Wenn ich daran denke, mein Elternhaus zu verlassen, dann empfinde ich…
13. Ich möchte Kontakt zu meiner Familie halten, indem ich…
14. Der Kontakt mit meiner Familie ist für mich wichtig, weil…
15. Eine kostbare Erinnerung, die mir niemand nehmen kann, ist…
16. Ein wertvolles Geschenk, das ich von meiner Familie überallhin mitnehme, ist…
17. Ich bin bereit, die Verletzungen zu vergessen, die mir von Familienmitgliedern zugefügt wurden, besonders…
18. Ich bedaure die Verletzungen, die ich Mitgliedern meiner Familie zugefügt habe, insbesondere…

## Zurückblicken, um voranzukommen

Dankbarkeit ist eine besondere Empfindung. Sie sorgt für ein Gefühl der Sicherheit, für Stabilität, für Geborgenheit und Freude. Es wäre ein Irrtum zu glauben, dass nur schwache Menschen dankbar sind. Es ist genau umgekehrt: Wir brauchen eine gewisse Stärke, um das Gefühl der Dankbarkeit ausdrücken zu können. Damit erkennen wir an, dass wir in einem gewissen Maße abhängig sind von anderen. Wir sind eng mit ihnen verbunden. Wir kommen nicht ohne sie aus.

Gerade, wenn wir Selbstständigkeit anstreben, ist es wichtig, immer wieder Dankbarkeit zu empfinden. Dankbarkeit ist ein psychologisches Gegengewicht, das unser Streben nach Freiheit ausbalancieren kann.

### Anleitung

Auf dem Weg in die Selbstständigkeit brauchst du Inspiration und die Hoffnung, dass sich all die Anstrengungen lohnen, die du dafür auf dich nehmen musst. Die Frage stellt sich also: Woher kommt deine Inspiration, die dich in die Zukunft führen kann? Die Antwort mag für dich überraschend sein: Dankbarkeit. Dankbarkeit für spezielle Gaben oder Werte, die du deiner Familie verdankst. Dies ist eine wichtige Quelle der Inspiration.

Du sollst jetzt irgendeinem Mitglied deiner Familie einen Brief schreiben und dich darin bei diesem Menschen bedanken für das, was du von ihm bekommen hast. Das, was dieser Mensch dir gegeben hat, begleitet dich überallhin und ist Bestandteil deiner Ressourcen. Dazu gehören Skills, Werte und Einstellungen. Schreibe möglichst ohne Pause, wenn du herausgefunden hast, wem du diesen Brief schreiben könntest. So ein Brief kann das zum Ausdruck bringen, was bisher nicht gesagt wurde. Versuche zehn Minuten ununterbrochen zu schreiben. (10 Min.)

### Auswertung

Diese Briefe sollen nicht vorgelesen werden, aber es ist wichtig, dass die Gefühle ausgedrückt werden, die der Schreibprozess auslöst. Die Teilnehmer sollten deshalb zu zweit oder zu dritt zusammenkommen und über ihre Erlebnisse sprechen.

## Drei goldene Äpfel

Verantwortung übernehmen bedeutet auch, Vertrauen in die Kraft der eigenen Phantasie zu entwickeln, denn wer selbstständig werden will, muss bereit sein, immer wieder auch eigene Lösungen für Aufgaben und Probleme zu finden. Jeder von uns hat diese Begabung, die wir auch imaginative Intelligenz nennen können. Diese Intelligenz können wir im Leben weiter trainieren. Die Imaginationskraft ist genetisch in der Gehirnstruktur verankert, sie braucht aber soziale Stimulation, um sich entfalten zu können.

### Anleitung

Mach es dir auf deinem Platz bequem und schließ die Augen. Atme einmal langsam aus.

Stell dir vor, dass vor dir ein großer Apfelbaum steht. Vielleicht kannst du das kleine Schild sehen, auf dem steht: Wenn du ein Abenteuer erleben willst, setz dich unter diesen Baum.

Vielleicht gehörst du zu den Menschen, die Abenteuer lieben. Hier bekommst du, was du brauchst. Bemerke, wie angenehm kühl es unter dem Baum ist. Du sitzt ruhig da und freust dich an dem Baum, an der frischen Luft, die er dir schenkt. Du freust dich am grünen Gras, das die Wurzeln des Baums bedeckt. Du freust dich am leisen Rauschen der Blätter und am Duft der gelbrot leuchtenden Äpfel.

Dies ist kein gewöhnlicher Baum. Es ist ein Baum mit einem Geheimnis, aber der Baum ist bereit, das Geheimnis für dich zu lüften. Du schaust auf den dicken Stamm des Baums und siehst, wie sich eine geheime Tür im Stamm öffnet.

Im Innern des Baums führt eine Treppe nach unten in einen Keller. Rechts und links siehst du farbige Lampen, die dich auf deinem Weg nach unten begleiten. Am unteren Ende der Treppe findest du einen großen Raum. In der Mitte steht ein mächtiger Tisch mit einem roten Samtkissen darauf. Und auf diesem Kissen liegen drei golden schimmernde Äpfel. Du siehst genauer hin und erkennst auf zwei Äpfeln eine Inschrift.

Auf dem ersten Apfel steht dein Name. Nimm den Apfel in die Hand und spüre, wie sie prickelt und plötzlich warm wird. Die Wärme steigt deinen Arm hoch und von dort in deinen ganzen Körper, in deine Beine, in deinen Kopf, in dein Gehirn. Diese Wärme gibt dir Kraft, wichtige Dinge mit mehr Schwung zu tun.

Auf dem zweiten Apfel steht: Für einen besonderen Menschen. Jetzt kannst du entscheiden, wer diesen Apfel bekommen soll. Auch dieser Apfel hat magische Kräfte. Er schenkt dem Empfänger nachwachsende, positive Gefühle. Und wenn es auf der weiten Welt irgendjemanden gibt, dem du diesen Apfel schenken möchtest, dann nimm ihn in die Hand und übergib ihn jetzt.

Und nun sieh dir den dritten Apfel an. Dieser Apfel hat keine Inschrift, dafür kann er sprechen. Du hörst seine Stimme sagen: «Ich habe eine Botschaft für dich. Halte mich dicht an dein Herz, damit du meine Botschaft vernehmen kannst.»

Nimm den Apfel in die Hand und halte ihn an dein Herz. Vielleicht kannst du spüren, was der Apfel dir zu sagen hat. Etwas, was du gerade heute gut gebrauchen kannst, was dir guttut, was dich inspiriert, was ein Wegweiser für dich sein kann. Vielleicht ist es auch ein Trost oder eine Aufmunterung. (20 Sek.)

Verabschiede dich nun von dem Baum, und wenn du die Treppe wieder hinaufgehst, nimm mit, was du behalten möchtest.

Komm hierher zurück in diesen Raum. Öffne in deinem eigenen Rhythmus die Augen und sei wieder hier, erfrischt und wach.

**Auswertung**

Die Teilnehmer kommen zu dritt zusammen und berichten einander.

## Das geflügelte Pferd

Jugendliche übernehmen schrittweise immer mehr Verantwortung für das eigene Leben. Dabei folgen sie einer mächtigen Antriebskraft, nämlich der eigenen Neugier. Sie möchten die Welt entdecken und herausfinden, welche Spielregeln im Leben gelten. Für die Erkundung der Welt braucht der junge Mensch Mut, weil er nie genau wissen kann, was auf seinen Expeditionen ins Leben geschehen wird. Er hat schon gelernt, dass nicht alle Ausflüge in unbekanntes Terrain gut ausgehen. Manchmal begegnen ihm feindliche Mächte, manchmal verirrt er sich und muss umkehren. Zum Glück hat er eine wichtige Ressource – seine Entschlossenheit, die Bereitschaft Fehler zu machen und die Kraft, nach einem Sturz wieder aufzustehen.

### Anleitung

Mach es dir auf deinem Platz bequem und schließ die Augen. Atme einmal langsam aus. Wenn du dazu bereit bist, kannst du dich gleich auf eine spannende Reise begeben.

Stell dir vor, dass du draußen in der Natur bist, auf einer großen, grünen Wiese voller blühender Pflanzen. Über dir ein hellblauer Himmel mit weißen, flauschigen Wolken.

In der Luft liegt ein goldenes Leuchten. Du bist neugierig, was dieser goldene Schein zu bedeuten hat.

Ganz in der Ferne siehst du einen hellen Punkt am Himmel. Du beobachtest dieses Licht und du ahnst, dass gleich etwas ganz Besonderes, Wunderbares und Magisches geschehen wird.

Der helle Lichtpunkt kommt näher und näher. Dabei wird er immer größer. Du kannst nun erkennen, dass es ein prächtiges Pferd ist. Es gleitet durch die Luft auf mächtigen Flügeln.

Nun weißt du, dass dies ein Zauberpferd ist, stark und bereit, dich auf seinem Rücken zu tragen.

Jetzt ist das geflügelte Pferd bei dir angekommen. Es kniet vor dir nieder, damit du aufsitzen kannst. Du steigst in den goldenen Sattel, auf dem du dich vollständig sicher fühlen kannst. Sobald du sitzt, entdeckst du eine geheimnisvolle Verbindung zwischen dir und dem Pferd. Du kannst verstehen, was das Pferd denkt und das Pferd kann verstehen, was du denkst. So etwas hast du bisher noch nie erlebt. Du kannst dich ganz sicher fühlen, wenn das Pferd sich nun erhebt und auf seinen kräftigen Schwingen durch die Luft gleitet. Es steigt höher und höher in den Himmel. Von hier oben kannst du weit sehen.

Unter dir siehst du Wald und Felder, Dörfer und Städte, Teiche und Bäche. Und wenn du einen Wunsch hast, dann wird dieser von dem Pferd sofort verstanden. Du kannst deine Reise schneller oder langsamer machen, höher oder tiefer, genau so, wie du es möchtest. Und dabei bist du ganz entspannt und zufrieden und je länger du reitest, desto bequemer und sicherer fühlst du dich. Das Zauberpferd bewegt sich so gleichmäßig wie ein Adler.

Und nun will ich dir ein Geheimnis verraten: Bei jedem Ritt durch die Lüfte spricht das geflügelte Pferd zu seinem Reiter. Längst hat das Pferd herausgefunden, wer du bist und was für dich wichtig ist. Darum spricht es zu dir und sagt dir, was du wissen sollst. (30 Sek.)

Nun beginnt schon der Sinkflug. Ganz sanft gleitet das Pferd der Erde entgegen. Es wird dich da absetzen, wo deine Reise angefangen hat. Und die Botschaft, die du von dem Pferd bekommen hast, die darfst du mitnehmen. Wenn du willst, kannst du das Pferd auch später zu einem neuen Erkundungsflug rufen.

Jetzt bist du von dieser Reise zurück. Behalte alles im Gedächtnis, was gut ist für dich. Öffne in deinem eigenen Rhythmus die Augen und sei wieder hier, erfrischt und wach.

Im Anschluss kann jeder von seinem Ritt auf dem Zauberpferd ein Bild malen. (10 Min.)

### Auswertung

Zuerst im Trio, dann im Plenum.

- Wie steht es um meine Phantasie, Kreativität, Imaginationskraft?
- Warum ist diese Begabung so wichtig?

# Helden

Unser Weg durch das Leben wird von imaginären Helden begleitet, von Vorbildern und Mentoren, die uns wichtige Impulse geben. Da sind unsere biologischen Vorfahren, die uns nicht nur genetisch geprägt haben. Da sind die Gestalten der kulturellen Überlieferung und die Menschen aus Fleisch und Blut, die uns beeindruckt und uns gezeigt haben, was alles möglich ist. Diese Helden begleiten uns und manchmal wechseln sie dabei ihre Position. Einige inspirieren uns nur eine Weile und treten dann zurück, während andere uns als treue Weggefährten ein Leben lang begleiten.

## Anleitung

Kommt in Vierergruppen zusammen und setzt euch an einen Tisch. Nehmt euch einen großen Bogen Papier und eine Schachtel Ölkreiden. Ihr könnt gleich ein gemeinsames Bild malen, das eure Helden zeigt: Vielleicht möchte ich genauso sein wie mein Lieblingsheld, mit all seinen Stärken und Schwächen, Siegen und Niederlagen, Talenten und Fähigkeiten. Vielleicht möchte ich aber auch nur zum Teil so sein wie mein Held und nur über eine seiner Stärken verfügen. Manche Helden sind uns wohlbekannt, aber es gibt auch Helden, die nur in unserer Phantasie existieren.

Jetzt hast du Gelegenheit, einen oder mehrere deiner Helden in deiner Gruppe vorzustellen. Du kannst deinem Helden irgendeinen Platz auf dem Papier geben und du wirst überrascht sein, wie alle eure Helden auf dem Papier zueinander passen. Jeder soll seine Helden selbst malen und ihr könnt dabei sprechen. Ihr habt 30 Minuten Zeit für euer Heldenbild.

## Auswertung

Die Gruppe bildet einen Kreis. Immer ein Quartett setzt sich in die Mitte und stellt ihr Bild vor. Die Zuschauer hören schweigend zu, ohne zu kommentieren oder Fragen zu stellen. Nach fünf Minuten ist das nächste Quartett an der Reihe.

# Fehler sind okay

Perfektionismus ist eine Bürde. Der Versuch, alles optimal zu machen, kostet viele von uns Lebensfreude und Kreativität. Eine untergründige Angst führt uns dazu, vorsichtig zu leben. So verkümmern die eigenen Stärken, weil sie nicht eingesetzt werden dürfen. Wer neue Wege geht, macht zwangsläufig Fehler. Nur Maschinen arbeiten fehlerfrei.

### Anleitung

Es ist okay, Fehler zu machen. Jeder macht Fehler, auch unsere Eltern, unsere Lehrer, unsere Vorbilder. Oft sind Fehler sogar ausgesprochen nützlich. Sie helfen uns zu lernen, sie spornen uns an, sie stellen unsere Willenskraft auf die Probe.

Immer wenn du einen Fehler machst, kannst du dir im Stillen sagen: Danke Fehler, ich kann durch dich lernen. Ich werde klüger durch dich.

In vielen Geschichten geht es um Fehler, die wir machen, aus denen wir lernen, mit denen wir aber auch Schaden anrichten und uns und anderen wehtun. Diese Fehler, mit denen wir uns und anderen Leid zufügen, sollten wir besser vermeiden.

Du sollst jetzt eine Geschichte erfinden, in der ein Junge oder ein Mädchen einen Fehler macht. Du kannst entscheiden, wie schwerwiegend der Fehler sein soll und welche Auswirkungen er hat. Du kannst die Geschichte ganz frei erfinden oder etwas aus deinem eigenen Leben benutzen. Zum Aufschreiben der Geschichte hast du fünfzehn Minuten Zeit. (15 Min.)

### Auswertung

Der Gruppenleiter sammelt die Geschichten ein und liest eine nach der anderen vor. Die Gruppe soll erraten, wer der Verfasser ist und wie sie zu dieser Meinung kommt.

## Kooperation

Kooperation ist die Fähigkeit, die menschliches Leben erst möglich macht. Ohne Kooperation kommt es zu Stillstand oder Auflösung. Gute Kooperation ist ein Prozess, bei dem es keine Verlierer und keine Sieger gibt, weil jeder bereit ist, die Interessen der anderen zu respektieren. Leider ist in unserer Kultur das Dogma der Fehlervermeidung sehr verbreitet. Kombiniert mit dem Konkurrenzprinzip führt diese Strategie weg von Kooperation und Kreativität. Fehlertoleranz und Kooperation erzeugen positive Gefühle wie Respekt, Hilfsbereitschaft, Fürsorge und Liebe. Doch Kooperation muss immer wieder neu eingeübt werden.

### Anleitung

Komm mit einem anderen Gruppenmitglied zusammen und such dir jemanden aus, den du gern etwas genauer kennenlernen möchtest.

Setzt euch an einen Tisch, einander gegenüber. Legt ein Blatt Papier zwischen euch und einen Filzschreiber dazu. Ihr sollt gleich gemeinsam irgendein Bild malen, das euch beiden gefällt. Aber diese Aufgabe hat eine Besonderheit: Es gibt nur einen Stift und ihr sollt ihn beide gleichzeitig und ohne Unterbrechung in der Hand halten. Und ihr dürft beim Malen nicht miteinander sprechen. Ihr dürft euch ansehen, ihr könnt auf das Blatt sehen, ihr könnt auf eure Hände sehen, aber ihr dürft den Stift nicht loslassen und ihr dürft nicht miteinander sprechen.

Ihr habt zehn Minuten Zeit für das Bild. Was ihr malt und wie ihr malt, das sollt ihr vorher nicht verabreden. Das Bild soll ganz spontan entstehen durch eure Phantasie, eure Empathie und die wunderbare Fähigkeit zur Kooperation.

Noch ein Hinweis zum Schluss: Wenn ihr bemerkt, dass ihr euch anstrengt, dann stimmt etwas nicht in eurer Kooperation. Dann kann es helfen, wenn ihr euch anschaut und lächelt. Versucht so zu malen, dass euer Partner Spaß an der Sache hat. Dann seid ihr auf einem guten Weg. (10 Min.)

### Auswertung

Die Gruppe setzt sich im Kreis zusammen. Nacheinander zeigt jedes Paar das eigene Bild und berichtet kurz, was es beim gemeinsamen Malen erlebt hat.

# Vergebung

Damit eine Verletzung gründlich heilen kann, muss erlittenes Unrecht vergeben werden. Manchmal muss einige Zeit vergehen, bis das Opfer bereit ist, Vergebung zu gewähren. Vergebung hat zwei Ziele. Der Täter wird entlastet und, was noch wichtiger ist, das Opfer entschließt sich, das Unrecht nicht weiter zu beklagen und kann sich auf diese Weise davon lösen. Fast immer profitiert derjenige am meisten von der Vergebung, der sie gewährt. Alle Rachegedanken, Vorwürfe, Klagen können nun verstummen und die Lebensenergie kann sich neu justieren.

Vergebung hängt eng zusammen mit der Kunst loszulassen. Ich löse mich von der Fixierung auf das Unrecht und klammere mich nicht länger an mein Leid oder an die Schuld des Übeltäters. Außerdem spielt Mitleid eine gewisse Rolle. Ich verzeihe dem Übeltäter, weil ich davon ausgehe, dass er das Unrecht aus Unachtsamkeit begangen hat, aus einem Mangel an Selbstliebe oder infolge einer eigenen, vorangehenden Traumatisierung.

### Anleitung

Wie lange kannst du jemandem böse sein, der dich verletzt, verraten oder beleidigt hat? Wie lange trägst du deinen Groll dann mit dir herum? Überlege einen Augenblick, welche Menschen dich verletzt haben und wie lange das her ist. Ich möchte, dass du ausprobierst, wie gut du vergeben kannst. Vergeben heißt nicht, dass du das Unrecht billigst, das dir angetan wurde. Vergeben heißt, etwas abschließen, eine Tür schließen, etwas zu den Akten legen, damit du frei bist und dich auf die Zukunft konzentrieren kannst. Überlege dir also, wem du einen Brief der Vergebung schreiben möchtest. Du sollst diesen Brief nicht abschicken, aber du kannst herausfinden, ob es dir möglich ist, dieser Person zu vergeben. Der Brief muss nicht sehr lang sein. Es reichen manchmal einige Zeilen. Schreib auf, wer den Brief bekommen soll, unterschreibe ihn und notiere das Datum. Lass dich überraschen, wie du dich anschließend fühlst. (15 Min.)

### Auswertung

Die Teilnehmer kommen zu zweit zusammen und tauschen sich aus, wie sie sich nach dieser Übung fühlen.

Eine anschließende Gruppenaktivität bietet sich an: Wer immer in der Gruppe einem anderen Gruppenmitglied etwas vergeben will, schreibt das auf ein Kärtchen. Die Kärtchen werden verteilt, vorgelesen und übergeben. Die Empfänger beschränken sich auf ein «Danke schön», ohne weitere Kommentare.

Dasselbe anonym: Auf den Kärtchen steht nur der Adressat und die Bereitschaft zur Vergebung und natürlich die Art der Verletzung.

Die Kärtchen werden in einer Schachtel gesammelt. Dann sucht jeder die Botschaft heraus, die für ihn bestimmt ist.

# Meine Werte

Werte übernehmen wir von Menschen, die wir schätzen. Wir müssen Werte in Aktion erleben, damit wir später in der Lage sind, auf der Basis dieser Werte zu handeln. Unsere Werte sind häufig empfindlich und flüchtig. Wir müssen sie immer neu bekräftigen und das gelingt am besten in einer sozialen Gruppe mit Gleichgesinnten. Werte brauchen Tradition, damit sie auch unter Belastung befolgt werden können. Mit anderen gemeinsam können wir darüber reflektieren, welche Werte zurzeit in der Welt besonders wichtig sind. Gerade in Krisenzeiten brauchen wir eine Wertediskussion, damit wir situationsgerecht und verantwortlich zugleich handeln können.

Ich habe einen Wertebogen vorbereitet, der eine Auswahl wichtiger moralischer Probleme präsentiert. Die Auswahl der Werte ist subjektiv und keinesfalls erschöpfend.

**Auswertung**
Die Teilnehmer kommen in Paaren zusammen und entscheiden, auf welche Themen sie ihre Aufmerksamkeit konzentrieren möchten.

## Wertebogen «Meine Werte»

Bitte beantworte schriftlich die folgenden Fragen. Nimm dir dafür ca. zwanzig Minuten Zeit.

1. Hast du irgendwann gegen ein Gesetz verstoßen?
2. Wann bist du zuletzt für deine Überzeugung eingetreten?
3. Welche Tugend, welcher Wert wird deiner Meinung nach überschätzt? Warum glaubst du das?
4. Hast du jemals die Privatsphäre deiner Eltern, deiner Geschwister, deiner Freunde verletzt, indem du ihre Post gelesen hast, ihre Emails oder ihr Tagebuch?
   - Wissen die Personen davon?
   - Bereust du deine Indiskretion?
5. Wann hast du zuletzt gelogen?
6. Belügst du dich manchmal selbst? Worum geht es dabei?
7. Wenn deine Mutter oder dein Vater krank wird und nicht mehr für sich sorgen kann, wie würdest du dann reagieren?
8. Hast du einen Organspendeausweis?
9. Gehst du zum Blutspenden?
10. Hast du dich z.B. für Flüchtlinge engagiert? Was hast du konkret getan?
11. Hast du an einer Protestaktion teilgenommen?
12. Wofür schämst du dich?
13. Was bereust du am meisten?

## Bekenntnisse

Oft scheuen wir uns davor, unsere Werte und Präferenzen klar und deutlich zum Ausdruck zu bringen. Vermutlich befürchten wir, dass unsere Offenheit uns angreifbar macht. Mut ist in einer Gesellschaft, die den Konsens verehrt, eher selten. Das ist schade, denn eine demokratische Gesellschaft braucht den permanenten Wettstreit der Werte und Meinungen.

Auch hier kann ein Wertebogen die Diskussion anregen und helfen, Toleranz zu wecken.

### Auswertung

Die Teilnehmer kommen in Quartetten zusammen und vergleichen ihre Antworten.

## Wertebogen «Bekenntnisse»

Bitte mach dir Notizen zu den folgenden Fragen:

1. Welcher Film hat dir irgendwann große Angst eingejagt?
2. Welches Buch, welches Theaterstück hat dich zum Weinen gebracht?
3. Wovon hast du überhaupt keine Ahnung?
4. Wofür gibst du zu viel Geld aus?
5. Was ist der schlimmste Vorwurf, den man dir machen könnte?
6. Was macht dich glücklich?
7. Was langweilt dich?
8. Was möchtest du in deinem ganzen Leben niemals tun?
9. Was ist dir heilig?
10. Wofür würdest du dein Leben riskieren?
11. Siehst du manchmal Pornos und verheimlichst du das?
12. Welche Musik bewegt dich stark?
13. Hast du irgendwann ein Wunder erlebt?
14. Glaubst du an Gott?
15. Wie möchtest du bestattet werden?
16. Möchtest du Kinder haben?
17. Welches ist dein größtes Talent?

Kapitel 5

# Meine Zukunft

# Erfolg

Die meisten Menschen möchten gern «erfolgreich» sein. Mindestens so erfolgreich, wie ihre Freunde und Bekannten. Zu selten reflektieren wir darüber, was sich hinter diesem magischen Wort für uns verbirgt.

**Anleitung**
Der folgende Wertebogen beleuchtet das Thema von verschiedenen Seiten.

**Auswertung**
Die Teilnehmer kommen zu zweit zusammen und vergleichen ihre Antworten zu ausgewählten Fragen.

## Wertebogen «Erfolg»

Bitte beantworte schriftlich in knapper Form die folgenden Fragen. Du kannst dir dafür zwanzig Minuten Zeit nehmen.

1. Wenn ich das Wort Erfolg höre, dann denke ich spontan an…
2. Welche Farbe passt deiner Meinung nach zu dem Wort «Erfolg»?
3. Würdest du dich als erfolgreich bezeichnen?
4. Welche Person fällt dir ein, wenn du dir einen erfolgreichen Menschen vorstellst?
5. Welche Schattenseiten hat der Erfolg? Welche Gefahren sind damit verbunden?
6. Wann hattest du zuletzt das Gefühl, erfolgreich zu sein?
7. Was brauchst du, um häufiger erfolgreich zu sein?
8. Wie verbinden sich in deinem Leben Erfolg und Wohlbefinden?
9. Was ist besser als Erfolg?
10. Welche Inschrift wünschst du dir auf deinem Grabstein?

## Jetzt

Achtsamkeit kann uns helfen, festen Boden unter den Füßen zu spüren, Zuversicht zu empfinden und innere Ruhe. Achtsamkeit gibt uns die nötige Energie, schwierige Aufgaben zu lösen, Risiken einzugehen, den eigenen Werten und Urteilen zu vertrauen.

Der folgende Wertebogen führt die Teilnehmer sanft an die Kunst der Achtsamkeit heran.

### Auswertung

Am besten kommen die Teilnehmer in Paaren zusammen, um ihre Antworten auf ausgewählte Fragen zu vergleichen.

## Wertebogen «Jetzt»

Bitte beantworte schriftlich die folgenden Fragen. Du hast dafür ein halbe Stunde Zeit.

1. Wo bist du in diesem Augenblick? Beantworte die Frage in Worten und durch eine kleine Skizze.
2. Welche drei Dinge kannst du hier und jetzt berühren, ohne dass du aufstehen musst?
3. Kannst du zwei Dinge benennen, die du heute erledigt hast?
4. Über welche zwei Menschen hast du in letzter Zeit viel nachgedacht?
5. In der Kürze liegt die Würze. Welches Wort passt zu
   - deiner Gesundheit?
   - deiner finanziellen Situation?
   - deiner Arbeit?
   - deinem Liebesleben?
   - deiner Seele?
   - deinem Familienleben?
6. Wie informierst du dich über die politische Entwicklung?
7. Welches Paar Schuhe trägst du zurzeit am liebsten?
8. Welchen Sport übst du aus?
9. Womit hast du als Kind am liebsten gespielt?
10. Welche Sprachen sprichst du?
11. Welche Sprache möchtest du gern lernen?
12. Wie häufig trinkst du Alkohol?
13. Welches Gericht kochst du am liebsten für Gäste?
14. Hast du dich irgendwann mit einem berühmten Menschen unterhalten?
15. Hast du einen Spitznamen?
16. Wenn du in einem zweiten Leben wiedergeboren würdest, was wärst du dann gern?

## Morgen

In einer Zeit schneller Veränderungen ist es nicht angebracht, allzu detaillierte Zukunftsbilder zu entwickeln. Das gab früher einen Sinn, heute müssen wir häufiger improvisieren.

### Anleitung

Beschreibe in zehn Sätzen, wie dein Leben morgen aussehen könnte. (10 Min.)

Und nun finde ein Symbol oder eine grafische Metapher für dein zukünftiges Leben. (10 Min.)

### Auswertung

Hier könnte es reizvoll sein, wenn der Gruppenleiter die Aufzeichnungen einsammelt und die Texte anonym vorliest. Die Gruppe muss dann raten, wer der Autor ist.

## Sterben

Wir leben besser, wenn wir dem Tod genügend Raum in unserem Seelenleben einräumen. Viele Exzesse und Übertreibungen haben ihren Ursprung in der Flucht vor dem Tod. Hier kombinieren wir verbalen und bildnerischen Ausdruck, um ein schwieriges Thema zu bearbeiten.

### Anleitung

Ich habe einen Wertebogen für dich vorbereitet. Nimm dir eine halbe Stunde Zeit, um die Fragen zu beantworten.

### Auswertung

Die Teilnehmer kommen in Paaren zusammen und beschließen gemeinsam, auf welche Themen sie sich bei ihrem Gespräch konzentrieren wollen.

## Wertebogen «Sterben»

Nimm dir bitte ein paar Bögen Papier und beantworte darauf die folgenden Fragen. Du hast dafür ein halbe Stunde Zeit.

1. Wann warst du zuletzt auf einer Beerdigung?
2. Welche Menschen, die dir nahegestanden haben, sind schon gestorben? An wen denkst du am häufigsten?
3. Wer könnte der Nächste sein, der aus dem Kreis deiner Freunde oder deiner Familie sterben muss?
4. Stell dir vor, dass du erfährst, dass du nicht mehr lange zu leben hast. Würdest du irgendetwas in deinem Leben verändern?
5. Nimm dir ein neues Blatt Papier und zeichne ein menschliches Skelett. Dann gib dem Skelett einen dunklen Umhang mit Kapuze und eine Sense in die Hand. Lass das Bild zwei Minuten auf dich wirken und sprich dann einen Satz zu diesem Bild des Todes. Der Satz soll maximal sechs Wörter umfassen. Schreibe diesen Satz über oder unter das Bild.
6. Stell dir vor, dass du auf deinem Sterbebett liegst. Wer soll dann bei dir sein?
7. Was sagst du der Person?
8. Welches sollen deine letzten Worte sein?
9. Wo möchtest du begraben sein?
10. Stell dir vor, dass du einen Grabstein bekommst. Welche Worte wünschst du dir auf dem Stein, die Auskunft über dich geben? Du kannst maximal sechs Wörter wählen. Zeichne deinen Grabstein mit der Inschrift.
11. Was geschieht nach deinem Tod?
12. Was bleibt von dir? Welche Vorstellung kann dich trösten?
13. Stell dir vor, dass du es nach deinem Tod schaffst, ans Himmelstor zu gelangen. Was sagst du dem Wächter am Tor? Was antwortet er dir?

# Einsamer Strand

Niemand weiß, was die Zukunft für ihn bereithält. Wir können alle möglichen Pläne mache, aber oft hat das Leben etwas anderes mit uns vor. Manchmal erscheinen uns die unerwarteten Ereignisse als Bedrohung, weil wir nicht darauf vorbereitet sind. Manche Überraschungen sind eher positiv und sie schenken uns etwas, was wir uns insgeheim gewünscht haben. Trotzdem gilt: Unerwartetes Glück kann uns genauso herausfordern, wie eine überraschende Krise. In jedem Fall müssen wir lernen, eine neue Situation demütig zu akzeptieren. Hilfreich ist es, wenn wir drei Charakterstärken entwickelt haben:

- Offenheit
- Lernbereitschaft
- Optimismus.

Diese Charakterstärken entwickeln wir leichter, wenn wir über eine lebendige Phantasie verfügen und wenn wir uns erlauben, neugierig zu sein. Die folgenden drei Phantasiereisen bestärken unsere Kreativität und die Bereitschaft zur Improvisation.

**Anleitung**

Mach es dir auf deinem Platz bequem und schließ die Augen. Atme einmal langsam aus.

Stell dir vor, dass du einen einsamen Strand entlanggehst, über feinen Sand. Du bist ganz allein. Manchmal lässt du deine Füße vom Wasser des Ozeans überspülen.

Du bist umgeben vom Rauschen der Brandung. Du siehst die weißen Schaumkronen der Wellen, die ohne Unterlass gegen die Küste rollen.

Setz dich hin und betrachte das Schauspiel der Wellen. Eine nach der anderen kommt heran und ab und zu hörst du aus der Höhe den Schrei einer Möwe. Die Sonne wärmt die Luft und sie hilft dir, dich zu entspannen. Vielleicht möchtest du dich auf den Rücken legen und im weichen Sand einsinken. So kannst du die Wolken beobachten, die in immer neuer Ordnung über den Himmel ziehen.

Wenn du blinzelst, kannst du über dir einen Regenbogen sehen, mit sanften oder, wenn dir das lieber ist, intensiv leuchtenden Farben. Der Regenbogen verwandelt sich in einen bunten Drachen.

Der Drachen kann sich in einen großen Heißluftballon verwandeln, an dem rote und pinkfarbene, gelbe und smaragdfarbene Bänder flattern. Vielleicht verwandelt sich der Ballon auch in ein kleines Flugzeug. Es zieht ein Banner hinter sich her, mit einer überraschenden Inschrift. Jetzt verwandelt sich die Erscheinung am Himmel in einen märchenhaften Vogel mit prächtigen Federn.

Und wenn wir träumen, dann bewegt sich die Zeit ganz überraschend, schneller oder langsamer. Bemerke, dass der Himmel sich verdunkelt hat.

Du beobachtest die Sterne und siehst, wie Wolken ab und zu den Mond verbergen.

Nun ist der Mond ganz frei, hell und rund und du kannst die Formen ahnen, die dem Mond ein Gesicht geben.

Du liegst immer noch im warmen Sand, ohne nachzudenken, ohne irgendein Ziel und du spürst, wie entspannt dein Körper ist. Das Rauschen der Wellen ist so beruhigend und du gleitest jetzt in einen tiefen Traum. (15 Sek.)

Der Traum hat dich durch die Nacht geführt und der nächste Morgen bricht an. Die Sterne verblassen, der Himmel wird heller und die Sonne geht langsam auf. Du fühlst dich erfrischt und abenteuerlustig. Du möchtest einem alten Kindheitstraum folgen und ausprobieren, ob du fliegen kannst wie die Möwen, wie das Flugzeug, wie der Ballon.

Du spürst die Kraft deiner Phantasie und die Bereitschaft, dich von ihr in den Himmel tragen zu lassen.

Du steigst auf über den Strand und über das Meer, über Inseln und fremde Küsten, über Berge und Flüsse.

Vielleicht siehst du Städte, von denen du bisher nicht gewusst hast. Du siehst fremde Menschen und die Schönheit ihrer Tempel und Kathedralen und du kannst dich so weit emportragen lassen, wie du möchtest, vollständig entspannt und offen für die Schönheit und die Wunder der Welt.

Und wenn du dazu bereit bist, dann kannst du von deinem magischen Ausflug zurückkehren zu deinem Platz am Strand, wo deine Reise begann. Öffne in deinem eigenen Rhythmus die Augen und bringe all das mit, was für dich und deine Zukunft wertvoll ist. Gib dir einen Augenblick Zeit, um dich hier im Raum zu orientieren. Dann kannst du ein Blatt Papier nehmen und ein einzelnes Wort aufschreiben, das dich später daran erinnern wird, was du auf dieser Phantasiereise erlebt hast.

**Auswertung**
Die Teilnehmer kommen in Paaren zusammen und tauschen sich eine Viertelstunde über Träume in ihrem Leben aus, über diesen geleiteten Tagtraum und über andere Träume, die sie schon geträumt haben bzw. die sie im Augenblick beschäftigen.

## Hinter dem Wasserfall

Auch hier laden wir die Teilnehmer ein, in der Sphäre des Wassers Erfrischung und Anregung zu finden. Wer gründlich lernen will, wer neugierig ist, der hat immer schon die Nähe des Wassers gesucht. Fluss und Meer sind ideale Orte, an denen wir Selbstständigkeit und Kreativität trainieren können. Das Wasser zeigt unserem Unbewussten die Qualitäten, auf die es ankommt. Wer vom Wasser gelernt hat, der kann in der Wüste überleben.

**Anleitung**

Mach es dir auf deinem Platz bequem und schließ die Augen. Atme einmal langsam aus.

Stell dir vor, dass du irgendwo mitten in den Bergen bist, an einem Platz, wo die Luft warm und die Landschaft anregend ist. Finde einen Pfad, der dich durch den Wald führt, an einen klaren Gebirgsbach. Überquere den Bach und steig weiter nach oben, bis du einen Wasserfall siehst, der sich aus der Höhe in einen kleinen Teich ergießt.

Vielleicht möchtest du deine Kleidung ablegen und dich in dem Teich erfrischen...

Wenn du ins Wasser tauchst, dann ist die Temperatur genau so, wie es für dich angenehm ist. Du kannst ein wenig herumschwimmen und wenn du Lust hast, dich kurz unter das herabstürzende Wasser stellen.

Vielleicht bist du neugierig und möchtest den Wasserfall näher erforschen. Was mag sich hinter dem Wasserfall verbergen?

Du findest heraus, dass das Wasser dort tiefer ist. In vielen Jahren hat das Wasser viele kleine Höhlen im Fels geschaffen. Du bist neugierig, was du am Boden des Teichs finden kannst.

Wenn du mutig bist, kannst du hinabtauchen und schauen, ob es dort irgendetwas zu entdecken gibt.

Spätestens bei deinem dritten Tauchgang wirst du etwas finden, wenn du dazu bereit bist. Was kannst du hier entdecken? Bring deinen Fund ans Ufer.

- Wie lange mag dieser Gegenstand hier gelegen haben?
- Wie ist er dort hineingekommen?
- Wozu war er früher nützlich?
- Welchen Sinn könnte er für dich haben?
- Kannst du irgendetwas von deinem Fundstück lernen?

Sieh dich bei dem Wasserfall noch einmal um, damit du den Platz wiederfindest, wenn du später hierher zurückkehren möchtest. Dann sag dem Teich und dem Wasserfall im Gebirge Adieu und kehre an die Stelle zurück, von der du aufgebrochen bist. Reck und streck dich ein wenig und öffne in deinem eigenen Rhythmus die Augen. Sei wieder hier, erfrischt und wach.

Nimm dir ein Blatt Papier und mach eine schnelle Skizze von dem Wasserfall und dem Objekt, das du im Wasser gefunden hast. Betrachte dein Bild und überlege, wann du zuletzt etwas Überraschendes gefunden hast und was du damit anfangen konntest. Beantworte auch die Frage: Bist du gut im Finden? Glaubst du, dass du das Glück auf deiner Seite hast? Hast du einen Spürsinn für Verstecktes oder für Glück, das unauffällig daherkommt?

**Auswertung**

Die Teilnehmer kommen zu zweit zusammen, tauschen sich über die Erlebnisse bei dieser Phantasiereise aus und erzählen einander, welche Antworten sie auf die abschließenden Fragen gefunden haben.

## Der Sprung

Wichtige Entscheidungen können Unsicherheit und Ängste auslösen. Die entscheidende Frage lautet: Bin ich den Herausforderungen gewachsen, die sich aus meinem Entschluss ergeben? Reichen meine Kompetenzen aus? Kann ich ohne katastrophale Auswirkungen den einen oder anderen Fehler machen? Werde ich alles lernen können, was ich in diesem neuen Lebensabschnitt brauche?

Es ist nicht selbstverständlich, dass wir an einer neuen Lebensaufgabe wachsen. Was uns helfen kann, ist die Bereitschaft, hart zu arbeiten und alles zu lernen, was wichtig ist.

### Anleitung

Mach es dir auf deinem Platz bequem und schließ die Augen. Atme einmal langsam aus. Stell dir vor, dass du im Gebirge Winterferien machst. Es hat geschneit und die ganze Welt leuchtet strahlend weiß. Tiefes Schweigen umgibt dich, der Schnee verschluckt alle Geräusche. Du bist sicher und warm verpackt, deine Füße stecken in gefütterten Stiefeln und deine Hände stecken in dicken Handschuhen. Die kalte Winterluft spürst du nur auf deinem Gesicht, sie kommt nicht an deinen Körper heran. Im Inneren fühlst du dich warm und gut geschützt.

Du hast dich an die Ruhe gewöhnt und genießt die friedliche Stimmung. Die Berge glitzern sanft unter einer dicken Schneedecke. Sie erinnern dich an schlafende Riesen, die vom Schnee überrascht wurden. Du folgst einem Weg, der dich mitten in ein Skigebiet führt. Oben gibt es eine Hütte, in der du Skier und Skistöcke findest. Es spielt keine Rolle, ob du jemals auf Skiern gestanden hast. Und es spielt auch keine Rolle, ob du dich für einen sportlichen Menschen hältst. In dieser Imagination darfst du daran glauben, dass du in der Lage bist, sicher und ohne Risiko Ski zu fahren.

Schnall die Skier an und nimm die Stöcke in die Hände. Du bist jetzt bereit für eine lange Abfahrt. In dieser Phantasiereise kannst du die Geschwindigkeit wählen, die du für richtig hältst, und die Abfahrt, die zu dir passt.

Deine Piste führt in sanften Kurven hinab und du bewegst dich sicher. Du fährst ganz ohne Anstrengung und empfindest ein Gefühl von Freiheit. Du wunderst dich, dass du vorher Angst empfunden hast. Jetzt bist du dankbar dafür, dass du hier in den Bergen sein darfst, in der trockenen, klaren Luft, in der Stille und in der Leichtigkeit des Gleitens. Ab und zu hältst du an, um dich umzuschauen, um den Blick zu genießen, die Stille und die Bewegungslosigkeit. Alles um dich herum ist ruhig und friedlich.

Wenn du Lust hast, kannst du die Piste weiter hinabfahren, so langsam oder so schnell, wie du möchtest.

Vor dir gibt es eine kleine Sprungschanze, die du vielleicht ausprobieren möchtest, weil du dich inzwischen viel sicherer fühlst. Du weißt, dass du alles unter Kontrolle hast und dass du auch beim Springen ganz sicher bist.

Wenn du willst, kannst du gleich abspringen und das Gefühl genießen, durch die Luft zu fliegen, frei und leicht wie ein Vogel. Und du kannst auch entscheiden, wie lang dein Sprung sein soll und wann du wieder landen willst.

Du weißt, dass dir in dieser Phantasie alles möglich ist und dass du entscheidest, wann und wo du sicher landen möchtest.

Und wenn du gelandet bist, dann fahr noch ein Stück weiter ins Dorf und in den sicheren Hafen deiner Unterkunft. Geh ins Haus und lass die schweren Stiefel, Skier und Stöcke draußen. Betritt das Zimmer, in dem ein Feuer im Kamin brennt und genieße den Harzgeruch des brennenden Holzes.

Vielleicht wartet hier jemand auf dich, vielleicht möchtest du auch noch eine Weile allein sein. Du kannst dich ans Feuer setzen und dich darüber freuen, dass du diese Abfahrt und diesen Sprung so sicher gemeistert hast. Und du kannst darüber nachdenken, was du bei diesem Ausflug gelernt hast. Früher hast du vielleicht gedacht, dass man klare Ziele braucht, ehe man etwas Neues ausprobiert und dass man alles beherrschen muss, was mit einer neuen Aktivität verbunden ist. Aber jetzt weißt du, dass es noch wichtiger ist, herauszufinden, ob dir eine Aktivität überhaupt gefällt. Du kannst später lernen, was ein wirklich guter Skiläufer beherrschen muss. Und du hast auch gelernt, dass eine neue Aktivität zuerst Angst machen kann, aber diese Angst wird immer kleiner, je öfter du es probierst.

Und wenn du bereit bist, dann nimm Abschied von den Bergen und dem kleinen Dorf und bring die Hoffnung mit hierher, dass es dir auch in Zukunft gelingen wird, zu lernen und Herausforderungen zu meistern. Wenn du aufmerksam und positiv bleibst, dann wirst du auch die Unterstützung finden, die du brauchst. Und du kannst dich darauf verlassen, dass die Mächte, die dich bisher begleitet haben, auch in Zukunft bei dir sein werden.

Öffne nun in deinem eigenen Rhythmus die Augen und sei wieder hier, erfrischt und wach.

Und nun nimm dir bitte ein leeres Blatt Papier und einen Bleistift oder eine Wachsmalkreide. Male ein Bild von deinem Sprung, damit du dich immer daran erinnern kannst.

Und gib deinem Bild zu guter Letzt einen Titel.

**Auswertung**

Die Teilnehmer kommen in Paaren zusammen und zeigen einander ihre Zeichnungen. Sie erzählen einander, was in dieser Imagination für sie besonders wichtig war. Außerdem sollten sie auf ähnliche Erfahrungen zurückblicken: In welcher früheren Situation war es für mich wichtig, dass ich an einer Hoffnung festgehalten habe?

## Hoffnung

Hoffnung ist kostbar, wichtiger als Zielstrebigkeit, Konfliktmanagement oder Resilienz. Wer mit Hoffnung in die Zukunft blickt, der fühlt sich stark, konzentriert und zugehörig, ganz egal, was im Augenblick mit ihm geschieht. Auch angesichts schwieriger Hindernisse und überraschender Krisen bleibt ein hoffnungsvoller Mensch zuversichtlich und «geerdet». Auch bei Verlusten oder angesichts einer Krankheit lässt er sich nicht von Furcht überwältigen. Er glaubt daran, dass alle Ereignisse in seinem Leben einen Sinn ergeben.

### Anleitung

Unser Unbewusstes sorgt dafür, dass wir täglich einen Blick in die Zukunft werfen. Wenn uns die Bilder gefallen, die uns unsere Intuition zeigt, dann sind wir zufrieden, wir genießen das Leben und wir arbeiten inspiriert. Ich habe einen Wertebogen für dich vorbereitet, der dir Gelegenheit gibt, das Bild, das du von deiner Zukunft hast, kritisch zu betrachten. Lass dir zwanzig Minuten Zeit, um die Fragen zu beantworten.

### Auswertung

Die Teilnehmer kommen in Paaren zusammen. Jeder soll Gelegenheit bekommen, einen Punkt aus seinem Wertebogen ausführlicher zu besprechen.

## Wertebogen «Hoffnung»

Bitte beantworte die folgenden Fragen (auf einem Extrablatt) möglichst spontan.

1. Was wirst du in zehn Jahren tun…
- …wenn alles gut geht?
- …wenn alle Stricke reißen?
2. Wer kann deine Zukunft beeinflussen?
3. Auf wessen Zukunft hast du selbst starken Einfluss?
4. Auf welches Ziel konzentrierst du dich im Augenblick vor allem?
- Wann möchtest du dieses Ziel erreichen?
5. Welche neue Fertigkeit würdest du gern erlernen?
6. Bitte beende die folgenden beiden Sätze:
- Wenn ich mehr Zeit hätte, würde ich…
- Wenn ich weniger Zeit hätte, würde ich…
7. Was möchtest du in deinem Leben unbedingt erreichen?
8. Hast du den Sinn deines Lebens schon entdeckt?

## Ziele und Werte

In den großen Sagen müssen die Helden oft weite Reisen unternehmen, sie müssen in der Fremde kämpfen und überleben, um schließlich inneren Frieden zu finden. So erging es Homers Odysseus und auch der indische Weise Siddhartha musste kreuz und quer durch Indien wandern, um die Bestimmung seines Lebens zu finden. Erst nach 44 Jahren anstrengender Askese war ihm die Erleuchtung vergönnt, dass wir die Wahrheit nur in uns selbst finden können. Die klassischen Helden waren auf der Suche nach den entscheidenden Werten. Und so geht es den meisten Menschen auch heute noch.

In dieser Übung lassen wir uns von einem Wertekanon inspirieren, den der amerikanische Psychologe Milton Rokeach zusammengestellt hat.

### Anleitung

Wenn du auf dein Leben zurückblickst, dann wirst du Erfolge und Misserfolge entdecken können. Meist hast du dann Erfolg gehabt, wenn du mit dem Herzen bei der Sache warst. Und du hast vielleicht Schiffbruch erlitten, wenn du nicht mit Lust und Liebe bei der Sache warst. Nun kannst du dich fragen, wie finde ich die Unterstützung meines Herzens? Wie finde ich meine tiefste Motivation?

Im folgenden Wertebogen sind wichtige Werte zusammengestellt. Bring sie probeweise in eine Rangfolge. (10 Min.)

### Auswertung

Die Teilnehmer kommen in Quartetten zusammen und diskutieren ihre Spitzenwerte.

## Wertebogen «Ziele und Werte»

- Ein bequemes Leben
- Gleichheit
- ein interessantes Leben
- Sicherheit für die eigene Familie
- Freiheit
- Gesundheit
- seelische Harmonie
- Liebe
- Sicherheit
- Genuss
- Erlösung
- Selbstachtung
- beruflicher Erfolg
- soziale Anerkennung
- treue Freundschaft
- Weisheit
- Weltfrieden
- Schönheit

## Weiße Magie

Kurze Gebete, altruistische Wünsche und Weisheitsformeln können eine starke therapeutische Kraft entwickeln. Solchen verbalen Kurzinterventionen ist eins gemeinsam: Sie sind positiv, hoffnungsgeladen und nicht aggressiv. Kürze und der gute Wille entfalten heilende Energie.

### Anleitung

Bitte denk zurück an eine schwierige Zeit, in der es wichtig für dich war, Unterstützung zu spüren, neue Hoffnung zu schöpfen, die Situation aus einem neuen Blickwinkel zu betrachten. Was hat dir damals geholfen? Was könnte dir heute helfen, wenn das Leben dir erneut Schwierigkeiten bereiten würde? Notiere auf den Kärtchen alles, was dir in einer solchen Situation helfen kann:

- einen Segenswunsch für deine Lieben,
- ein Stoßgebet,
- eine philosophische Einsicht,
- ein Mantra,
- einen Zauberspruch,
- ein Zitat aus einer heiligen Schrift,
- eine Zeile aus einem Lied oder Popsong. (10 Min.)

Sammeln Sie anschließend die Kärtchen ein, die anonym abgegeben werden, und legen Sie diese in eine Schachtel. Von Zeit zu Zeit sollten Kärtchen dazukommen, sodass ein Vorrat an therapeutischen Hilfsmitteln entsteht.

Jetzt können Sie der Gruppe zeigen, wie dieser Schatz genutzt werden kann: Jeder darf sich blind ein Kärtchen ziehen und sich überraschen lassen, was ihm empfohlen wird.

Mach dich mit dem Inhalt vertraut und überlege drei Minuten, wie es sich auf dein Schicksal auswirken würde, wenn du die Worte beherzigst.

(Anschließend kann jeder sein Kärtchen vorlesen und erläutern, was er davon hält.)

# Die Schlüssel

Diese Übung ist für das Ende einer Sitzung gedacht. Sie sorgt dafür, dass die Teilnehmer mit einem Gefühl von Hoffnung und Optimismus den Raum verlassen können. Sie benötigen eine kleine Kollektion von alten Schlüsseln, wenig gebrauchte und viel genutzte, blanke und rostige.

Der Schlüssel ist ein schönes Symbol, sowohl für das Geheimnis, als auch für Schutz und Sicherheit. Breiten Sie die Schlüssel auf einem Tisch aus.

## Anleitung

Betrachte einen Augenblick diese Sammlung von Schlüsseln. Der Schlüssel ist eine geniale Erfindung und ein starkes Symbol, das direkt zu unserem Unbewussten spricht. Betrachte die verschiedenen Schlüssel und finde heraus, welcher davon dich anspricht. (1 Min.)

Jetzt darf jeweils eine Person die Hand ausstrecken, um sich einen Schlüssel zu nehmen. Wenn zwei gleichzeitig die Hand ausstrecken, müssen beide ihre Hände zurückziehen. Wenn jeder einen Schlüssel genommen hat, geht es weiter.

Der Schlüssel, den du dir genommen hast, ist von nun an ein Zauberschlüssel. Reibe ihn leicht und formuliere dabei im Stillen einen Wunsch. Der Schlüssel sorgt dafür, dass dein Wunsch an jene höheren Mächte weitergeleitet wird, die stärker sind als wir Menschen. Du kannst entscheiden, für wen du dir etwas wünschen willst, für dich selbst oder für einen anderen Menschen. Nun kannst du es dem Himmel überlassen, sich dieses Wunsches anzunehmen. Wenn du willst, kannst du den Schlüssel behalten und auch später zum Wünschen benutzen. Du wirst erkennen, dass das Wünschen eine Kunst ist, die viel Gutes bewirken kann.

## Das letzte Jahr

Von Odo Marquard gibt es ein schönes Buch mit dem Titel: «Zukunft braucht Herkunft». Darin macht er darauf aufmerksam, dass es für jeden darauf ankommt, ein Gleichgewicht zwischen unseren Wurzeln in der Vergangenheit und unseren Phantasien über die Zukunft herzustellen. Wenn wir uns auf die Zukunft vorbereiten wollen, dann bekommen wir wertvolle Anregungen, indem wir z.B. ein Jahr zurückgehen und uns folgende Fragen stellen:

- Was habe ich geschafft?
- Worauf kann ich aufbauen?
- Was ist unvollendet und offen geblieben?

Wir unterstützen die Reflexion der Teilnehmer durch einen detaillierten Wertebogen.

### Anleitung

Ein buddhistisches Sprichwort sagt: «Wer langsam geht, gelangt schneller ans Ziel.»

Zum langsamen Gehen gehört, dass wir uns Zeit nehmen, über unser Leben nachzudenken. Die Zeit unseres Lebens ist kostbar und wir müssen versuchen, das Beste daraus zu machen.

Damit dir das gelingt, kannst du gleich das vergangene Jahr untersuchen. Du wirst Dinge finden, mit denen du hochzufrieden bist und Dinge, die du noch nicht abschließen konntest. Du kannst dir überlegen, welche Akzente du im nächsten Jahr setzen willst. Vielleicht möchtest du einige deiner Stärken ausbauen, vielleicht findest du Fehler, aus denen du etwas Wichtiges lernen kannst.

Du hast eine halbe Stunde Zeit, um die Fragen aus dem Wertebogen schriftlich zu beantworten. (30 Min.)

### Auswertung

Die Teilnehmer kommen in Quartetten zusammen, um sich über ausgewählte Fragen des Wertebogens zu unterhalten.

## Wertebogen «Das letzte Jahr»

Denk bitte über die letzten zwölf Monate deines Lebens nach und beantworte schriftlich die folgenden Fragen:

1. Welches war das wichtigste Buch, das du in diesem Jahr gelesen hast?
2. Welcher Song hat im letzten Jahr dein Herz bewegt?
3. Welches war der beste Film, den du gesehen hast?
4. Welches Kleidungsstück war im vergangenen Jahr dein Favorit?
5. Wer war im vergangenen Jahr der wichtigste Mensch in deinem Leben?
6. Über wen hast du dich am meisten geärgert?
7. Wen hast du um Vergebung gebeten?
8. Wen hast du neu kennengelernt?
9. Wen hast du im letzten Jahr verloren?
10. Wen hast du in den letzten zwölf Monaten vernachlässigt?
11. Wer hat sich zu wenig um dich gekümmert?
12. Welchen Konflikt hast du nicht zufriedenstellend gelöst?
13. Mit welchem Freund/welcher Freundin hast du im letzten Jahr die meiste Zeit verbracht?
14. Wer hat dich inspiriert?
15. Wer hat dir schlechte Anregungen gegeben?
16. Wem hast du selbstlos geholfen?
17. Was hat dein Leben am stärksten beeinflusst?
18. Was war das schönste Geschenk, das du erhalten hast?
19. Wofür hast du am meisten Geld ausgegeben?
20. Auf welchen Erfolg (in der Arbeit, in der Ausbildung, in der Schule) bist du besonders stolz?
21. Was war deine größte Enttäuschung?

22. Welchen Plan hast du ausgeführt?
23. Wie oft warst du in den letzten zwölf Monaten krank?
24. Was war im vergangenen Jahr deine wichtigste Frage?
25. Was hast du Wertvolles gelernt?
26. Was hast du vergessen?
27. Welches politische Ereignis hat dich bewegt?
28. Für welche Partei hast du Sympathie empfunden?
29. Was hat dich vollkommen überrascht?
30. Was war deine schwierigste Entscheidung?
31. Was bedauerst du am meisten?
32. Gab es einen wichtigen Abschied?
33. War das vergangene Jahr das beste deines Lebens?
34. Welche Überschrift könntest du dem vergangenen Jahr geben?

# Philosophie der Hoffnung

Warum ist Hoffnung so wichtig:

- Hoffnung spielt eine entscheidende Rolle beim Erwerb von Kompetenzen. Hoffnungsvolle Schüler erzielen bessere Noten. Sie setzen sich Ziele und strengen sich an. Sie ermüden nicht so schnell und sind auch körperlich belastbar.
- Hoffnung begünstigt Liebe, Offenheit und Vertrauen. Wer voller Hoffnung ist, der fühlt sich nicht so leicht einsam. Hoffnung macht uns zu guten Freunden und guten Eltern. Paare mit denselben Hoffnungen und Träumen bleiben länger zusammen.
- Hoffnung spielt eine wichtige Rolle in psychischen und medizinischen Krisen. Hoffnung verkürzt die Genesungszeit nach Operationen, sie stärkt das Immunsystem und vergrößert die Überlebenschancen nach einem Herzinfarkt.
- Hoffnung ist die Basis für unser spirituelles Leben. Hoffnung stärkt unsere Hilfsbereitschaft und Nächstenliebe. Hoffnung macht es leichter für uns, an eine Macht zu glauben, die größer ist als wir selbst. Hoffnung hilft uns, auch in Verlusten und Krisen einen Sinn zu entdecken.
- Unsere Hoffnung wächst, wenn wir ihr liebevolle Aufmerksamkeit schenken.

### Anleitung

Ich habe einen Test für dich vorbereitet, der dich anregen soll, einem besonders wichtigen Gefühl mehr Aufmerksamkeit zu schenken. Für diesen «Hoffnungstest» hast du zwanzig Minuten Zeit. (20 Min.)

### Auswertung

Hier bietet es sich an, dass die Teilnehmer in Paaren zusammenkommen und gemeinsam einen philosophischen Spaziergang unternehmen, am besten in der Natur. Der Spaziergang sollte dreißig Minuten dauern und jeder hat fünfzehn Minuten Zeit, um dem Partner mitzuteilen, welche Fragen für ihn besonders wichtig waren und wie er sie beantwortet hat. Der zuhörende Partner soll nichts kommentieren und auch keine Fragen stellen. Stattdessen soll er neugierig und verständnisvoll zuhören.

## Wertebogen «Hoffnungstest»

Bitte beantworte die folgenden Fragen mit Ja oder Nein oder mit einer kurzen Bemerkung. Sei dir bewusst, dass du viele Fragen auch anders beantworten könntest, wenn du den Test eine Woche später noch einmal durchgehst. Die Antworten sind also eine Momentaufnahme.

1. Glaubst du, dass du das bekommst, was du dir vom Leben wünschst?
2. Hast du einen Freund oder einen Angehörigen, dem du dich anvertrauen kannst?
3. Kannst du dich gut entspannen?
4. Glaubst du, dass andere Menschen an deinen Erfolgen beteiligt sind?
5. Siehst du hoffnungsvoll in die Zukunft?
6. Bist du neugierig?
7. Findest du Unterstützung, wenn du allein nicht weiterkommst?
8. Glaubst du, dass dein Leben einen Sinn hat?
9. Glaubst du, dass unser Geist weiterlebt, wenn der Körper stirbt?
10. Zweifelst du daran, dass du die Dinge im Leben erreichen kannst, die für dich wichtig sind?
11. Hast du genug Vertrauen, um einigen Menschen mitzuteilen, wie du dich fühlst?
12. Wie findest du frische Energie?
13. Schätzt du das Feedback von anderen?
14. Ist dein Zutrauen so stark, dass du auch in einer Krise nicht verzweifelst?
15. Findest du es anstrengend, auf Reisen neue Leute kennenzulernen?
16. Wodurch entsteht Erfolg? Durch die Kraft des Willens? Durch Gebete? Durch Neugier?
17. Hast du ein Netzwerk von guten Freunden und Familienangehörigen?
18. Glaubst du an eine spirituelle Macht, an ein höheres Wesen?

## Glaube und Zweifel

Spiritualität wird auf unterschiedliche Weise empfunden und gelebt. Sie entsprechen unserem Temperament, unserer Geschichte, der regionalen Kultur und unserer familiären Herkunft.

### Anleitung

Wir leben in einem Zeitalter der Migration. Immer häufiger kommen Menschen zusammen, die einen unterschiedlichen religiösen Hintergrund haben. Das Zusammentreffen mit neuen Formen der Religiosität kann uns irritieren, es kann uns aber auch bereichern. Spiritualität ist etwas Geheimnisvolles, das verbinden kann. Eine friedliche Gesellschaft zeigt Respekt und Toleranz für andere Glaubensformen.

Ich habe einen Wertebogen entwickelt, mit dem du herausfinden kannst, welches dein spiritueller Stil ist. (15 Min.)

### Auswertung

Hier bietet sich eine Auswertung im Plenum an. Der Gruppenleiter liest immer einen der Sätze vor und die Teilnehmer zeigen durch Handzeichen, ob sie anderer Meinung sind, ob sie zustimmen oder vollkommen einverstanden sind.

## Wertebogen «Glaube und Zweifel»

Bitte notiere zu jeder Frage deine Ansicht und Erfahrung.

1. Mein Leben liegt in der Hand Gottes oder in der Hand einer höheren Macht.
2. Ich spüre oft die Gegenwart Gottes oder einer höheren Macht.
3. Wenn ich das bekomme, was ich will, so geschieht das gewöhnlich, weil ich mich sehr dafür angestrengt habe.
4. Damit es mir gut geht, muss ich in Übereinstimmung sein mit dem Willen Gottes.
5. Ich bin oft erstaunt, wie angespannt und ängstlich ich bin.
6. Ich versuche mich dafür einzusetzen, dass es gerecht und fair zugeht in der Welt.
7. Ohne meinen Glauben an eine höhere Macht würde ich mich verloren fühlen.
8. Ich bete oft oder ich meditiere, um Gott oder einer höheren Macht näher zu sein.
9. Mein Leben wird in erster Linie durch mein eigenes Verhalten bestimmt.
10. Es fällt mir schwer, Geist und Körper zu entspannen.
11. Jeder Mensch hat besondere Talente und im Leben kommt es darauf an, dass wir dieses Potenzial entwickeln.
12. Mein Glaube hat eine feste Grundlage. Ich möchte meine Verbindung zu Gott oder zu einer höheren Macht schützen.
13. Der Stolz auf die eigenen Erfolge schenkt uns die besten Gefühle, Zufriedenheit und Glück.
14. Im Leben nehme ich das in die Hand, was in meinen Kräften liegt, alles andere überlasse ich Mutter Natur bzw. den höheren Mächten.
15. Verglichen mit anderen hatte ich ein schwieriges und anstrengendes Leben.
16. Der höchste Sinn meines Lebens liegt im Einsatz für Gerechtigkeit und Gleichheit.

# Inspiration

Oft inspirieren uns Menschen, die uns begegnen, konkret im Alltag oder virtuell in Geschichten und Berichten. Wir nehmen uns diese Menschen als Vorbild und übernehmen von ihnen Werte, Lebensziele und Spielregeln. Damit unsere Vorbilder auch unser praktisches Handeln beeinflussen können, müssen wir uns mit ihnen beschäftigen.

## Anleitung

Wer sind deine Vorbilder? Welche Menschen werden von dir verehrt? Von wem würdest du sagen: Ich möchte so sein wie du? Du hast jetzt Gelegenheit, deinen Respekt für diese Vorbilder auszudrücken.

1. Schreib die Namen deiner Vorbilder und Helden auf. (5 Min.)
2. Konzentriere dich jetzt auf die einzelnen Personen. Schreibe die Namen auf und notiere die Qualitäten jedes Vorbilds. Was zieht dich an? Über welche Qualitäten würdest du auch selbst gern verfügen? Zeichne dann ein kleines Bild oder ein Symbol für jeden deiner Helden. Und wenn du willst, kannst du dir vorstellen, dass du ein Mitglied im Fanclub bist, der diese Person verehrt. (15 Min.)
3. Wähle nun aus dem Kreis deiner Helden drei Personen aus, die dir besonders nahestehen. Stell dir vor, jeder von ihnen würde dir eine wichtige Empfehlung geben. Wie lautet diese Empfehlung? (10 Min.)

## Auswertung

Die Teilnehmer kommen in Paaren zusammen und sprechen darüber, was ihnen während dieser Übung aufgefallen ist. Wie wird eine Inspiration nachhaltig?

# Metaphern

Metaphern sprechen unsere Gefühle und unsere Sinne an. Gleichzeitig entziehen sie sich jeder präzisen Definition. Sie wurden in der kulturellen Frühzeit erfunden und sind bis heute ein wirksames Instrument des Lernens, des Verhandelns, der Beeinflussung. Wenn wir uns durch Metaphern ausdrücken, dann vermitteln wir leichter neue und überraschende Einsichten.

**Anleitung**
Nimm ein leeres Blatt Papier und leg ein paar Ölkreiden bereit. Konzentriere dich zunächst auf das Leben, wie es gerade jetzt für dich ist. Finde eine passende Metapher für dein derzeitiges Leben. Ein paar Beispiele:

- Ist dein Leben wie ein hoher Berg?
- Ist dein Leben wie ein Fluss mit vielen Biegungen?
- Ist dein Leben wie ein Baum voller Früchte?
- Ist dein Leben wie eine Jazzband?
- Ist dein Leben wie ein Fußballspiel?
- Ist dein Leben wie eine Modenschau?

Wenn du eine Metapher für deine Gegenwart gefunden hast, dann zeichne ein Bild davon und schreibe einen kurzen Text dazu, z.B.:

Mein Leben ist wie ein Baum. Meine Wurzeln sind in Syrien und jetzt wurde ich in die Bundesrepublik verpflanzt. Ich hoffe, dass ich hier anwachsen kann.

Im Augenblick trage ich weder Blüten noch Früchte.

Ich wäre am liebsten ein Granatapfelbaum in einem Obstgarten in meiner Heimat, gemeinsam mit anderen Bäumen, geschützt durch eine hohe Mauer aus Felssteinen. (15 Min.)

Dreh nun das Blatt um und lass dir eine Metapher für die Zukunft einfallen. Kannst du dir eine Metapher für deine Zukunft vorstellen? Wenn du eine passende Metapher gefunden hast, dann zeichne sie und schreibe darüber.

Ein Beispiel könnte so lauten: Meine Zukunftsmetapher ist die Besteigung des Mount Everest. Das ist sehr gefährlich und dabei brauche ich Unterstützung durch einen Führer. Am besten wäre es, wenn mich Freunde bei der Expedition begleiten würden.

Ich brauche sicherlich mehrere Tagesmärsche und ich muss absolut fit sein, geistig, körperlich und spirituell. Ich brauche eine gute Ausrüstung und eine gründliche Vorbereitung. Beim Aufstieg kann es alle möglichen Schwierigkeiten geben, aber aus der Höhe kann ich die Welt mit neuen Augen betrachten. Ich rechne mit Überraschungen und werde mein Bestes geben. Ich werde es schaffen. (15 Min.)

**Auswertung**

Die Teilnehmer kommen in Paaren zusammen und tauschen sich aus über die von ihnen gewählten Metaphern.

## Blockade auflösen

Manchmal sind wir verwirrt und uns fehlt der Kontakt zu unseren Wünschen. Da es die Wünsche sind, die uns mit der Zukunft verbinden, fühlen wir uns unbeweglich und gehemmt. Und uns fehlen dann auch die Worte, unsere Gefühle auszudrücken. Wenn wir eine solche Blockade erleben, können wir auf eine nonverbale Methode umschalten. Fast immer ist unsere Intuition bereit, in Bildern oder Symbolen zu sprechen. Wir können also ein Bild malen oder eine Collage komponieren. Anschließend fühlen wir uns meistens besser. Dann besteht die Aussicht, dass auch die Sprache zurückkehrt und wir mit Worten ausdrücken können, was wir vorher bildhaft gesagt haben.

Sie benötigen Zeitschriften, Kleber, Wachsmalstifte, Scheren und Papier im Format DIN A4 oder DIN A3.

**Anleitung**

Manchmal fällt es uns schwer, unsere Ziele zu erkennen. Wir haben das Gefühl, in pechschwarzer Nacht umherzuwandern und nichts erkennen zu können, das uns Orientierung gibt. Und ganz ähnlich kann es uns ergehen, wenn wir als Fußgänger in einer chinesischen Stadt unterwegs sind, nicht in der Lage, die Straßenschilder zu lesen. Wir haben zwar Augen, aber wir fühlen uns wie Blinde.

Manchmal geht es uns genau so, wenn wir über unsere Zukunft nachdenken. Dann kann es vorkommen, dass wir eine Art Blackout erleben. Unser Gehirn ist sprach- und ratlos. In einer solchen schwierigen Situation kommt es darauf an, ganz behutsam vorzugehen, in kleinen Schritten. Und genau das kannst du jetzt versuchen, indem du eine Collage anfertigst. Du musst dir nichts vornehmen und es spielt auch keine Rolle, ob du an die Gegenwart oder an die Zukunft denkst, du brauchst überhaupt nicht zu denken. Du schneidest dir einfach Bilder aus und klebst sie auf. Langsam entsteht etwas, was dich überraschen wird. Dies ist ein Experiment und eine Übung, bei der du wie durch Zauberei etwas lernen wirst. Du wirst etwas Neues tun, etwas Neues schaffen und du wirst etwas neu verstehen. Das ist sehr interessant. Es ist eine Expedition in ein unbekanntes Land. Du hast dafür zwanzig Minuten Zeit. (20 Min.)

Und nun betrachte bitte deine Collage. Finde einen Titel für dein Bild.

**Auswertung**

Die Teilnehmer legen die Collage auf ihren Platz, nachdem sie ihren Namen an den Rand geschrieben haben. Sie wandern herum und betrachten die Werke der übrigen Gruppenmitglieder. Nach zehn Minuten beginnt im Plenum die Diskussion über diese merkwürdige Übung.

## Das Jahr im Rückblick

Der Jahreswechsel gibt uns Gelegenheit, innezuhalten und eine persönliche Bilanz zu ziehen. Was waren die Höhepunkte für mich? Was waren die Herausforderungen, denen ich mich stellen musste? Diese Fragen ehrlich zu beantworten, erfordert Mut und Objektivität. Darum vermeiden es viele, nüchtern zurückzuschauen. Doch nur so ist es uns möglich, Konsequenzen aus dem Erlebten zu ziehen.

### Anleitung

Nimm dir ein leeres Blatt Papier und falte es in der Mitte, sodass du Platz für zwei Spalten bekommst. Schreibe über die linke Spalte als Überschrift «Höhepunkte» und über die rechte Spalte «Herausforderungen».

Und nun sortiere die Ereignisse des letzten Jahres in beide Spalten ein, die Höhepunkte und die Herausforderungen, die erfreulichen Begebenheiten und die kritischen Vorgänge.

Schreib schnell und möglichst ohne Pause. Verbessere nichts und verlass dich darauf, dass dein Gedächtnis dir die wichtigsten Dinge präsentiert. Die zeitliche Reihenfolge spielt keine Rolle. (15 Min.)

### Auswertung

Für zehn Minuten können die Teilnehmer in Paaren zusammenkommen und sich austauschen. Jeder versucht über die Punkte zu sprechen, die ihm emotional wichtig sind.

Im Plenum können dann wichtige Einsichten berichtet werden.

## Höhepunkte

Immer besteht die Gefahr, dass wir die Höhepunkte im Leben überbewerten oder dass wir Vergleiche anstellen, wie unsere Bilanz ausfällt. Besonders problematisch ist es, wenn wir glauben, dass wir einen Anspruch auf Höhepunkte und vielleicht sogar auf viele Höhepunkte haben. Höhepunkte können uns dazu verleiten, dass wir Konkurrenzverhalten entwickeln. Dann geht uns die Leichtigkeit verloren und die Bereitschaft, auch die Herausforderungen zu schätzen.

### Anleitung

Betrachte noch einmal die Spalte mit den Höhepunkten aus der letzten Übung. Welches waren die herausragenden Ereignisse für dich? Wie hast du auf diese Geschenke des Schicksals reagiert? Waren sie dir alle willkommen? Welche Höhepunkte konntest du nicht so gut annehmen? Was war von dir geplant und was ereignete sich durch eine Fügung des Schicksals? Konntest du deine Höhepunkte genießen? Hast du daran gedacht, dich für die Unterstützung und Anregung anderer zu bedanken?

Zeichne nun eine kleine Skizze, die deine Höhepunkte zeigt. Bring darin auch die Unterstützung zum Ausdruck, die du erhalten hast.

Wenn du eine Weile über diese Fragen nachgedacht hast, nimm ein leeres Blatt und bedank dich in einem Brief für Inspiration und Unterstützung. An wen möchtest du dich wenden? An Gott? An das Schicksal? An einen Menschen?

### Auswertung

Die Teilnehmer kommen in Paaren zusammen und tauschen sich aus. Wer dazu bereit ist, kann dem Partner seinen Brief vorlesen.

Nach zehn Minuten kollektive Reflexion im Plenum. Einige Briefe können vorgelesen werden.

## Herausforderungen

Große Herausforderungen lassen sich nicht durch eine schnelle Aktion lösen. Wir müssen oft über einen längeren Zeitraum an schwierigen Themen arbeiten. Wir brauchen Geduld und einen langen Atem.

**Anleitung**
Welche Probleme waren im vergangenen Jahr für dich besonders schwierig zu lösen? Wie bist du an deine Aufgaben herangegangen? Was hat dir besonders geholfen? Was hat sich nicht so gut bewährt?

Such dir eine Herausforderung aus, die du nicht bewältigen konntest. Schreibe dieser Herausforderung einen Brief. Behandle sie wie eine Person, die du respektierst und mit der du kooperieren willst. Lass dir fünfzehn Minuten Zeit für diesen Brief. (15 Min.)

**Auswertung**
Die Teilnehmer kommen in Trios zusammen und sprechen über ihre Erfahrungen. Wenn möglich, sollten die Briefe dabei vorgelesen werden.

## Das neue Jahr

Was wünsche ich mir vom neuen Jahr? Wer möchte ich dann sein? Was möchte ich tun? Was möchte ich erreichen? Es gibt so viele Möglichkeiten und manchmal fällt es uns schwer, uns festzulegen und spezifische Ziele ins Auge zu fassen. Daneben gibt es das Risiko, dass wir versuchen, unsere Ziele auf aggressive Weise zu erreichen und nicht sanft und behutsam. Darum machen wir hier den Vorschlag, die Vision für das neue Jahr in Form eines kurzen Gedichts auszudrücken.

### Anleitung

Wenn das Jahr zu Ende geht, schmieden wir ganz automatisch Pläne für das neue Jahr. Unser Unbewusstes weiß, wie kostbar die Zeit ist und dass es darauf ankommt, das richtige Tempo zu wählen und einen passenden Rhythmus zu finden.

Was wünschst du dir vom neuen Jahr? Schreibe deine Hoffnungen auf und zwar in Form eines Gedichts. Du kannst selbst entscheiden, wie viele Zeilen dein Gedicht haben soll. Die Zeilen müssen sich nicht reimen und sie können unterschiedlich lang sein. Versuche ein Gedicht zu schreiben, das dich inspiriert und das du immer wieder gern liest, an jedem neuen Tag. (15 Min.)

### Auswertung

Wenn die Gruppe nicht zu groß ist, ist es reizvoll, folgendermaßen vorzugehen: Der Gruppenleiter sammelt die anonym aufgeschriebenen Texte ein und liest sie nacheinander vor. Die Gruppe versucht, den Autor zu erraten.

## Das Ziel

Wir sind daran gewöhnt, kurzfristige Ziele anzustreben. Meist sind das wichtige, aber triviale Ziele, wie z.B. eine Prüfung bestehen, eine Hausarbeit anfertigen, eigenes Geld verdienen usw. Komplexere Ziele wären: Wie kann ich meine Kreativität steigern? Wie kann ich vertrauenswürdig werden? Wie kann ich kooperieren, ohne mich unterzuordnen? Etc.

Diese Übung regt uns an, über unsere Ziele, unsere Wünsche und Möglichkeiten intensiv nachzudenken.

### Anleitung

Nimm dir ein Blatt Papier und zeichne darauf eine Ziellinie und dich selbst. Wenn du willst, kannst du dich als Strichmännchen zeichnen. Ähnlichkeit ist hier nicht wichtig. Natürlich kannst du auch noch mehr zeichnen. Du bist ganz frei, wie du dein Bild gestaltest.

### Auswertung

Die Teilnehmer kommen in Quartetten zusammen und präsentieren sich gegenseitig ihre Bilder.

## Von der Vergangenheit lernen

Manchmal erkennen wir unsere Wünsche und Träume, unsere verborgenen Talente und besonderen Begabungen leichter, wenn wir zurückblicken. Denn unsere Vergangenheit war einmal unsere Zukunft und darum können wir hier erstaunlich leicht Hinweise auf unsere Möglichkeiten und Chancen finden.

Ein Wertebogen unterstützt die Teilnehmer bei diesem Rückblick.

### Anleitung

Bitte beantworte die sieben Fragen aus dem Wertebogen. Du hast dafür fünfzehn Minuten Zeit. (15 Min.)

Dann betrachte deine Antworten noch einmal gründlich und benutze das Material als Grundlage für einen Tweet. Diesen Tweet sollst du an dich selbst schreiben (und vielleicht an deine beste Freundin/deinen besten Freund). Er soll nicht mehr als 40 Buchstaben enthalten. Das Thema lautet: Was hast du gelernt? Was willst du als Nächstes lernen? (10 Min.)

### Auswertung

Die Teilnehmer kommen in Trios zusammen und sprechen über ihre Erfahrungen. Sie lesen sich ihre Tweets vor.

## Wertebogen «Von der Vergangenheit lernen»

Nur wenn wir von der Vergangenheit lernen, werden wir klüger und erfolgreicher. Dafür müssen wir die Vergangenheit mit wohlwollender Objektivität betrachten. Es kommt darauf an, dass wir Positives und Negatives akzeptieren und nichts übertreiben. Unsere Erfolge dürfen uns nicht eitel und übermütig machen und unsere Fehler und Versäumnisse dürfen uns nicht entmutigen oder dazu führen, dass wir uns selbst geringschätzen.

Im Folgenden findest du sieben Fragen, die Klarheit schaffen können. Bitte beantworte sie spontan auf einem Extrablatt.

1. Erfolgsbilanz: Was hast du geschafft, weil du mit dem Herzen bei der Sache warst?
2. Fehlerdiagnose: Was ist fehlgeschlagen, weil du nicht mit dem Herzen bei der Sache warst?
3. Verfügbare Skills: Welche Aufgaben oder Aktivitäten fielen dir leicht?
4. Glückliche Zeiten: Welche Projekte haben dir Freude gemacht?
5. Traurige Zeiten: Welche Projekte und Aktivitäten haben negative Gefühle in dir ausgelöst?
6. Stolz: Auf welche Erfolge bist du stolz?
7. Ärger und Ressentiments: Welche Aufgaben haben bei dir zu Unzufriedenheit und Ärger geführt?

# Anregende Träume

Träume können eine Quelle der Inspiration sein. Das biblische Buch der Genesis berichtet, dass Josef die Gunst des Pharao gewann, weil er in der Lage war, Träume überzeugend auszulegen.

Der Schweizer Psychotherapeut C.G.Jung hat sein Leben der Erforschung des kollektiven Unbewussten gewidmet. Er untersuchte mehr als 80.000 Träume. Und der Erfinder der Psychoanalyse, Sigmund Freud hat sich ebenfalls mit Träumen beschäftigt. Er hielt sein Werk «Die Traumdeutung» für den Gipfel seiner wissenschaftlichen Arbeit.

Man kann sagen, dass die Analyse unserer Träume ein bewährter Weg ist, aus unserer Vergangenheit zu lernen. Nur ungefähr fünf Prozent unserer Träume widmen sich der Zukunft. Der Rest dient der Auswertung unserer Vergangenheit. Darum kann es sich lohnen, eine Zeitlang die eigenen Träume aufzuschreiben und sie zu untersuchen.

Bei dieser Übung geht es vor allem darum, das Interesse der Teilnehmer an ihren Träumen zu wecken. Der Zeitgeist strebt schnelle Einsichten an und deshalb ist die Beschäftigung mit Träumen etwas aus der Mode gekommen. Doch die Träume sind eine geniale Erfindung der Evolution und ein Mittel zur Selbsterkenntnis.

### Anleitung

Heute sollst du dich mit einem Traum beschäftigen. Vielleicht fällt dir ein ganz frischer Traum ein oder du erinnerst dich an einen Traum, der in Abständen wiederkehrt.

Während dein Gedächtnis jetzt anfängt zu arbeiten, will ich dich an einige häufig auftretende Traumthemen erinnern:

- Gut oder nachlässig Auto fahren.
- Stürzen oder hoch am Himmel fliegen.
- Leistungsstärke oder Leistungsschwäche zeigen.
- Den Zug oder das Flugzeug verpassen oder gerade noch rechtzeitig kommen.

Erinnere dich nun bitte an irgendeinen Traum und schreibe alles auf, was du noch davon weißt. Versuche in zwei bis drei Sätzen zu beschreiben, was der Traum dir sagen möchte. (10 Min.)

### Auswertung

Die Teilnehmer kommen in Paaren zusammen und tauschen sich aus.

# Heldenreise

In Stammeskulturen hatte die Heldenreise einen festen Platz als Schritt vom Jugendlichen zum Erwachsenen. Die jungen Leute verließen für eine begrenzte Zeit ihren Stamm und wanderten in die Wildnis, um dort Weisheit und Erleuchtung zu finden. Heute gibt es eine Wiederbelebung dieser alten Tradition auch in westlichen Kulturen, vor allem als Mittel der Sinnfindung.

Die Heldenreise verläuft in drei Schritten: als Trennung, als Übergang und als Wiedergeburt. Im Folgenden schlagen wir eine kompakte Form der Heldenreise vor, die zu unerwarteten und hilfreichen Einsichten führen kann. Und sie stärkt die Würde der jungen Leute.

**Anleitung**

Ich möchte dich einladen, auf eine Heldenreise zu gehen. Du kannst die Gruppe verlassen und für vier Stunden in die Natur gehen. Du brauchst dazu nur ein Notizbuch und deine Neugier. Du musst nichts vorher planen. Folge einfach deiner Intuition und deinen Instinkten.

Wichtig ist, dass du allein gehst. Wenn du unterwegs einen Freund aus der Gruppe oder einen Fremden triffst, dann verbring mit diesem nur einen kurzen Moment.

Während du durch die Natur wanderst, sollst du über wichtige Fragen nachdenken, die im Alltag oft zu kurz kommen:

- Wer bin ich?
- Was möchte ich mit meinem Leben anfangen?

Versuche zunächst, abwechselnd über diese beiden Fragen nachzudenken und dann gar nichts zu denken und einfach auf deine Gefühle zu achten, auf Bilder und Worte, die dir durch den Kopf gehen.

Erinnere dich von Zeit zu Zeit daran, dass du auf einer Heldenreise bist, auf einer Suche nach Erleuchtung. Vertraue darauf, dass du etwas findest. Rechne damit, dass du zu Einsichten gelangst. Sei auch offen für die Sprache der Natur, die dir Zeichen oder Hinweise gibt .

Nimm ein Notizbuch mit und dein Handy. Ab und zu kannst du dich hinsetzen und schreiben: über deine Gefühle, deine Gedanken, deine Einsichten.

Bemerke auch, wenn du dich langweilst oder ärgerst, wenn du ängstlich oder frustriert bist. Dann frage dich, warum das so ist. Und wenn gar nichts Besonderes geschieht, dann kannst du darüber nachdenken, wozu das gut sein könnte.

Andere, die das vor dir getan haben, bekamen interessante Hinweise. Sie erkannten ihre Neigung als LehrerIn, KünstlerIn, Bauer/Bäuerin zu arbeiten, als Selbstständige ins Geschäftsleben einzusteigen oder ein Handwerk zu erlernen.

Wieder andere verspürten plötzlich den Wunsch, etwas für die Allgemeinheit zu tun und sich in ihrer Kirchengemeinde oder in einer gemeinnützigen Organisation zu engagieren.

Manchmal dauert es etwas länger, bis du Hinweise zu deiner Berufung bekommst. Es kann auch vorkommen, dass du Botschaften von Helden aus längst vergangenen Zeiten erhältst – von Odysseus, von Joseph, von Gandhi oder von Mutter Theresa.

Wenn du von deiner Heldenreise zurückkehrst, kannst du irgendein Objekt mitbringen, das bedeutsam für dich war. Bring dieses Objekt hierher in die Gruppe. (4 Std.)

**Auswertung**

Wenn alle Teilnehmer von ihrem Ausflug zurückgekehrt sind, versammelt sich die Gruppe erneut im Kreis. Jeder hat dann fünf Minuten Zeit, von seiner Reise zu berichten und eventuell den mitgebrachten Gegenstand vorzustellen.

## Perspektivwechsel

Wenn wir ein Ziel erkannt haben, dann überlegen wir uns eine passende Strategie, um es zu erreichen. Doch auch wenn wir uns auf die Aufgabe, die uns erwartet, gründlich vorbereiten, kommt es manchmal zu Rückschlägen. Was ist da schiefgegangen? Wer ist schuld an dieser Panne? Oft klagen wir dann andere an und machen ihnen Vorwürfe. Aber damit entfernen wir uns noch weiter von unserem Ziel. Hartnäckiges Scheitern ereignet sich immer dann, wenn wir nicht in der Lage sind, eine Schwierigkeit aus der Perspektive aller Beteiligten zu sehen. Wir erzeugen Hindernisse, wenn wir nur den eigenen Vorteil im Auge haben.

### Anleitung

Mach es dir auf deinem Platz bequem und schließ die Augen. Atme einmal langsam aus. Schau zurück und lass verschiedene Situationen in deinem Gedächtnis auftauchen, wo du keinen Erfolg hattest, wo etwas schiefgegangen ist, wo du dein Ziel deutlich verfehlt hast.

Nimm dir jetzt Zeit, um dein Pech, deinen Misserfolg gründlich zu verstehen, damit du beim nächsten Mal zufriedener sein kannst.

Wenn du dich für ein Ereignis entschieden hast, dann kannst du dir auf einfache Weise Hilfe holen. Finde irgendeinen Menschen, der an dem Ereignis beteiligt war. Lass diese Person einen Brief an dich schreiben, in dem sie die Gründe für die Schwierigkeit beleuchtet. Wie sieht diese Person den Vorfall? Welche Rolle hast du gespielt und wie hast du selbst zu den Schwierigkeiten beigetragen? Was denkt die Person über dein Verhalten? Was hast du versäumt? Was hast du falsch eingeschätzt? Was war an deiner Vorbereitung ungenügend? Welchen Anteil haben andere an den Schwierigkeiten?

Lass diese Person möglichst sachlich und wohlwollend beschreiben, was du übersehen hast. Auf diese Weise wird es leichter für dich, den Fehler nicht zu wiederholen.

Nun kannst du in deinem eigenen Rhythmus die Augen wieder öffnen. Nimm dir ein Blatt Papier und schreibe den Brief an dich selbst aus Sicht des Beobachters. (15 Min.)

### Auswertung

Die Teilnehmer kommen in Paaren zusammen. Jeder liest seinen fiktiven Brief vor. Wie feinfühlig und empathisch sind diese Briefe geschrieben?

# Drei Freunde

Anspruchsvolle Ziele sind immer mit Risiken verbunden. Wir können nicht sicher sein, dass wir unser Ziel im ersten Anlauf erreichen. Wenn wir scheitern, dann müssen wir bereit sein, den Preis zu zahlen, Trauer, Ärger, die Schadenfreude anderer usw. Aber es fällt uns leichter, aus einer Schwierigkeit herauszukommen und nach vorn zu schauen, wenn wir ein paar gute Freunde haben, auf die wir uns verlassen können und die bereit sind, uns zu helfen, wenn wir sie brauchen. Die Solidarität guter Freunde ist die beste Versicherung gegen Schwierigkeiten. Leider sind viele Freunde nur so lange an unserer Seite, wie sie sich Vorteile von uns versprechen. Gute Freunde zeigen sich erst, wenn wir in einer Notlage sind. Ihre Freundschaft ist bedingungslos.

Es hat sich gezeigt, dass Menschen belastbarer sind, wenn sie ein paar echte Freunde haben.

### Anleitung

Familie und Freunde sind für jeden von uns wichtig. In ihrer Gegenwart fühlen wir uns wohl und wir haben Vertrauen zu ihnen. Wir sind uns sicher, dass sie uns mögen und dass sie uns in Krisen beistehen.

Familie und Freunde sind wie eine gute Medizin, die uns hilft, auch in schwierigen Zeiten den Mut nicht sinken zu lassen. Aber wir können nur dann von ihnen profitieren, wenn wir genügend Zeit mit ihnen verbringen und zwar von Angesicht zu Angesicht. Wir brauchen die persönliche Nähe, damit wir das Gefühl wechselseitiger Zuneigung und Geborgenheit spüren können.

Einige von uns erleben in der Familie die stärkste Geborgenheit, andere erleben dieses Gefühl besonders bei engen Freunden.

Nimm dir ein leeres Blatt Papier und zeichne dich im Kreise deiner Familie. Du kannst Strichmännchen malen und dann entscheiden, an welche Stelle auf deinem Blatt du jede Person darstellen möchtest. Wenn du alle Personen gezeichnet hast, dann finde eine passende Überschrift zu deinem Bild. (10 Min.)

Und nun nimm dir bitte ein zweites Blatt Papier und zeichne dich im Kreis deiner Freunde. Du kannst wieder Strichmännchen malen und überlegen, wie du die Personen auf dem Blatt anordnen willst. Wenn dein Bild fertig ist, finde auch hier eine Überschrift. (10 Min.)

Betrachte nun beide Bilder. Bist du zufrieden mit Nähe und Distanz oder möchtest du gern etwas verändern? Beantworte jetzt bitte die folgenden Fragen:

1. Von wem würdest du gern etwas mehr Zuneigung und Liebe bekommen?
2. Wem möchtest du selbst gern mehr Zuneigung und Liebe geben?

Denk einen Augenblick darüber nach, was du tun kannst, um in Familie und Freundschaft deine Beziehungen noch weiter zu vertiefen? Stell dir vor, du möchtest die Beziehungen um zehn Prozent verbessern. Wie könntest du das anstellen? Schreibe deine Gedanken auf jedes Bild. (10 Min.)

### Auswertung

Die Teilnehmer kommen in Paaren zusammen und tauschen sich aus. Sie können anhand der Skizzen erklären, welche Bilanz zu ziehen ist.

## Was bringt mich voran?

Welche Geschichten erzählen wir uns selbst und anderen, wenn wir in einer Krise sind, wenn wir Verluste erleiden? Manche Geschichten helfen uns, Krisen zu überstehen und etwas daraus zu lernen. Andere Geschichten lähmen uns und machen uns hilflos.

Martin Seligman sagt ungefähr Folgendes dazu: Pessimisten haben es schwer, Unglück und Katastrophen zu überstehen, denn sie betrachten ihr Unglück als permanent, als selbst verursacht und als unveränderlich.

Optimisten sehen das anders. Für sie ist ihre Krise temporär, auf eine spezielle Situation begrenzt und nicht durch eigene Charakterschwächen verursacht. Für sie ist das böse Ereignis eine Ausnahme und sie sehen am Horizont schon einen neuen Silberstreifen.

Zum Glück können wir alle lernen, etwas optimistischer zu sein und daran glauben, dass wir uns selbst und die Welt zum Besseren verändern können. Das wird uns eher gelingen, wenn wir bestimmte charakterliche Qualitäten in uns entwickeln.

**Anleitung**

Jeder von uns verdankt seinen Eltern eine ganze Reihe persönlicher Stärken, die dazu beigetragen haben, dass wir uns entwickeln konnten, dass wir vieles gelernt haben, dass wir Freunde gefunden haben. Aber irgendwann erkennen wir, dass wir nicht mit dem Vorbild der Eltern auskommen. Wir müssen uns auch selbst bemühen, unseren Charakter zu entwickeln.

Ich habe einen Wertebogen für dich vorbereitet, mit verschiedenen persönlichen Stärken. Denk bitte über die einzelnen Punkte nach und überleg dir, welche dieser Stärken du besonders trainieren willst. (15 Min.)

**Auswertung**

Die Teilnehmer kommen in Trios zusammen und tauschen sich aus. Jeder berichtet, welche Stärken die drei Spitzenplätze auf seiner Liste einnehmen.

## Wertebogen «Was bringt mich voran?»

Du findest hier vierzehn persönliche Stärken, die jeder im Leben brauchen kann. Bring diese Stärken in eine sinnvolle Reihenfolge, damit sie dir helfen, erwachsen zu werden und einen reifen Charakter zu entwickeln. Am Anfang deiner Liste soll also die Stärke stehen, die du besonders ausbauen willst. Am Ende deiner Liste könnte eine Stärke stehen, die du schon ziemlich weit entwickelt hast.
Und das sind die Stärken:

- Mut
- Geduld
- Kommunikationsfähigkeit
- Zuhören können
- Offenheit
- Bereitschaft, zu vergeben
- Optimismus
- Neugier
- Dankbarkeit
- Kontaktfähigkeit
- Stärke der Persönlichkeit
- Selbstbeherrschung
- Gerechtigkeit
- Hilfsbereitschaft

Denk nun bitte eine Minute über deine Pläne nach. Welche Stärken musst du dafür im besonderen Maße entwickeln? Dann kannst du anfangen, eine Liste anzulegen und die Stärken von eins bis vierzehn durchzunummerieren.